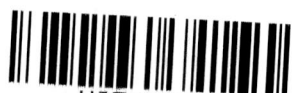

呂思勉手稿珍本叢刊

中國古代史札録

14

錢幣二

幣價

社會

呂思勉 著

上海古籍出版社

第十四册目録

錢幣 二

九府。史記管晏列傳太史公曰。吾讀管氏牧民山高乘馬輕重
九府。此當子書言藏繼齊有魚鹽之利文冠帶衣履天下商
業最盛故錢幣興焉錢之制象貝以徵其起於東方海濱也
食貨志曰太公為周立九府圜法黃金方寸而重一斤。錢圜函方。
輕重以銖。布帛廣二尺二寸為幅長四丈為匹。此蓋齊學託諸
太公已知云太公為周立九府圜法。太公退又行之於齊。蓋附
會矣。

玉幣可通稱幣。求古錄禮說十三貨幣考
貨財通言指貝與珠玉言　同上十葉　禮說貨幣考

錢幣

（以酎金免侯廿）漢書王子侯表上：「𢦏節侯義，孫侯固城，元鳳四年，坐酎金少四兩免。」「襄隄侯聖，地節四年」案：坐酎金斤八兩，少四兩，免。」

（白撰）史記作白選

（外國或以金銀爲幣或否）漢書西域傳[redacted]大宛「得漢黃白金，輒以爲器，不用爲幣」（九六上 8下）之罽賓

東夷傳「以金銀飾帽」（四十上）之高句驪傳「其公會衣

服皆錦繡金銀以自飾（卅6上）厚葬金銀財幣無已於道死（又）濊俗男女衣皆著曲領男子繫銀花廣數寸以為飾（卅8上）韓俗以纓珠為財寶或以纓衣為飾或以縣頸垂耳不以金銀錦繡為珍（卅9下）倭俗國出鐵韓濊皆從取之諸市買皆用鐵如中國用錢又以供給二郡（卅10上）注引魏略西戎傳大秦國作金銀錢金錢一當銀錢十（卅12上）（以下數據地求錢）三國魏志梁習傳注引魏略苛吏傳（十五4上）

案此可見時人多埋藏錢也

（藏錢多少）漢書王嘉傳嘉奏封事孝元皇帝奉承大業温恭少欲都内錢四十萬萬水衡錢二十五萬萬少府錢十八萬萬（八六上）王嘉傳爲錢方云云

（蒼璧直數千）漢書食貨志顔師古曰今王侯朝覲以蒼璧直數千（廿四下上）

（梁孝王有罍尊直千金）漢書文三王傳（四七上）

（寶劍賈兼百金）後書循吏傳建武十三年異國有獻名馬日行千里又進寶劍賈兼百金（106上）

張湯請造白金及五銖錢（漢書五九四上）

（王死輒更鑄錢）漢書西域傳安息（九六上六下）

錢

金斗

叢二九・三上

古者有九古未用金爲斗

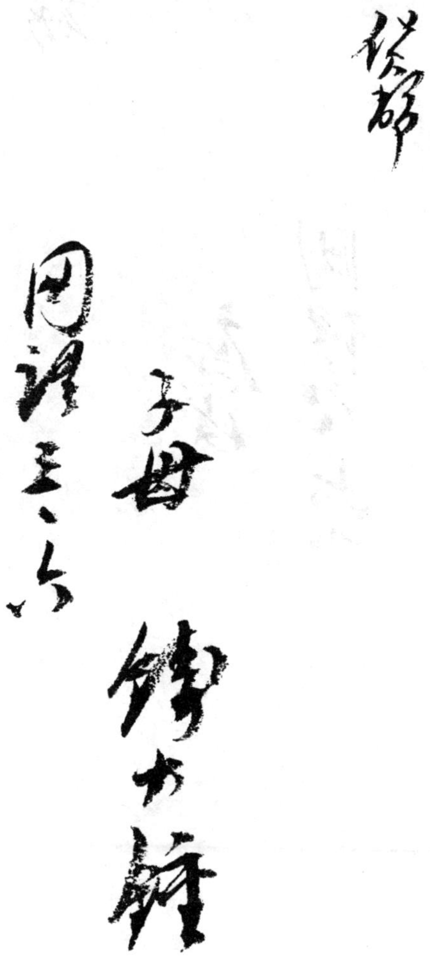

都

廖校

同謂之玄

匋金

魯隋荀偃、、吴季萬之鼎　古寶九

一器陽子之庄萬之方鼎　昭也

錢幣

商賈[illegible]

地也入魯竟故書至猶在外故書地○竟音境夏齊侯將納公命無受魯貨申豐從女賈豐賈二人皆季氏家臣○女音汝以幣錦二
兩二丈爲一端二端爲一兩所謂匹也二兩二匹縛一如瑱瑱充耳縛卷也急卷使如充耳易懷藏○縛直轉反瑱它殿反易以豉反【疏】注瑱充耳○正義曰家語云水至清則無魚人至察則無徒故人君冕而
前旒所以蔽明黈纊塞耳所以蔽聽又詩云玉之瑱也禮以一條五采橫冕上兩頭下垂繫黃緜緜下又縣玉爲瑱以塞耳適齊師謂子猶之人高齮齮子猶家臣子猶梁丘據○齮魚綺反
能貨子猶爲高氏後粟五千庾言若能爲我行貨於子猶當爲請使得爲高氏後又當致粟五千庾庾十六斗凡八千斛○庾羊主反能爲于僞反下當爲下文爲魯君同【疏】
五千庾○正義曰聘禮記云十六斗曰籔十籔曰秉鄭玄云秉十六斛今江淮之間量名有爲籔者今文籔爲逾栱據儀禮今文故以庾爲十六斗五千庾凡八千斛考工記陶人爲庾實二觳厚半寸脣寸其下文旊人云豆實三而成觳則觳
受斗二升庾實二觳則受二斗四升也彼陶人所作庾自瓦器今甕之類非量器也與此名同而實異高齮以錦示子猶子猶欲之齮曰魯人買之百兩
一布以道之不通先入幣財言魯人買此甚多布陳之以百兩爲數子猶受之言於齊侯曰羣臣不盡力于魯君
者非不能事君也欲行其說故先示欲盡力納魯君○說如字又始銳反然據有異焉異猶怪也宋元公爲魯君如晉卒於曲
棘叔孫昭子求納其君無疾而死不知天之弃魯耶抑魯君有罪於鬼神故及此也君若
待于曲棘使羣臣從魯君以卜焉卜知可伐否【疏】君若待于曲棘○正義曰宋公佐卒于曲棘者杜云曲棘宋地陳留外黃縣城中有曲棘里今齊侯欲納魯君當是從齊
向魯必不遠涉宋地子猶令齊君待于曲棘必使止於竟內土地名齊地無曲棘十年傳桓子召子山而反棘焉杜云齊國西安縣東有戟里亭此即彼棘也本無曲字涉上卒于曲棘誤加曲耳若可師有濟也
君而繼之茲無敵矣若其無成君無辱焉

昭廿六

錢幣

楚之輕幣

史記

史記循吏列傳孫叔敖

莊王以爲幣輕更小以爲大百姓不便皆去其業市令言之相曰市亂民莫安其處次行不定相曰如此幾何頃乎市令曰三月頃相曰罷吾今令之復矣後五日朝相言之王曰前日更幣以爲輕今市令來言曰市亂民莫安其處次行之不定臣請遂令復如故王許之下令三日而市復如故

錢幣　商

孟子曰許子必種粟而後食乎（問許子必自身種粟乃食之邪）曰然（相曰然許子自種之）許子必織布然後衣乎（孟子曰許子自織布然後衣之乎）曰否許子衣褐（相曰不自織布許子衣褐以毳織之若今馬衣也或曰褐枲衣也一曰粗布衣也）許子冠乎（孟子問相冠乎）曰冠（相曰冠也）曰奚冠（孟子問許子何冠也）曰冠素（相曰許子冠素也）曰自織之與曰否以粟易之（相言許子以粟易素）曰許子奚爲不自織（孟子曰許子何不自織素乎）曰害於耕（相曰織紡害於耕故不自織也）曰許子以釜甑爨以鐵耕乎（爨炊也孟子曰許子寧以釜甑炊食以鐵爲犂用之耕否邪）曰然（相曰然用之）自爲之與（孟子曰許子自治鐵陶瓦器邪）曰否以粟易之（相曰不自作鐵瓦以粟易之也）以粟易械器者不爲厲陶冶陶冶亦以械器易粟者豈爲厲農夫哉且許子何不爲陶冶舍皆取諸其宮中而用之何爲紛紛然與百工交易何許子之不憚煩（械器之摠名也厲病也以粟易器不病陶冶陶冶亦何以爲病農夫乎且許子何爲不自陶冶舍者止也止不肯皆自取之其宮宅中而用之何爲反與百工交易紛紛而爲之煩也）

滕文公

錢幣

夕具。有者出其財。無有者賣其衣屨。農夫糶其五穀三分賈而去。是君朝令一怒
布帛流越而之天下。君求焉而無止。民無以待之。走亡而棲山阜。持戈之士顧不
見親家族失而不分。民走於中而士遁於外。此不待戰而內敗
管子曰。今為國有地牧民者務在四時。守在倉廩。國多財則遠者來。地辟舉則民
留處。倉廩實則知禮節。衣食足則知榮辱。今君躬犁墾田。耕發草土得其穀矣。民
人之食。有人若干步畝之數。然而有餓餒於衢閭者何也。穀有所藏也。今君鑄錢
立幣。民通移人有百十之數。然而民有賣子者何也。財有所并也。故為人君不能
散積聚。調高下。分并財。君雖彊本趣耕。發草立幣而無止。民猶若不足也
桓公問於管子曰。今欲調高下。分并財。散積聚。不然則世且并兼而無止。蓄餘藏

輕重甲 128

手錄

九鼎

周書克殷解：命南宮百達、史佚遷九鼎三巫。

朱右曾集訓校釋：孔曰：九鼎，王所傳寶；三巫，地名。

地名，陳逢衡曰：巫與筮通，三巫謂人卜筮之官。

若洪頤煊以爲周寶，于作雒乃遷九鼎至三巫。

釋曰：寶鼎訓，謀以證洪說是。

又吳摯甫：辛亥當從殷遷鼎來，曰鼎即九鼎。

其二則有傷財而民至於餓死用其三則有害民而至於父子離散是豈君子之爲政然歟蓋征之者義也緩之者仁也惟君子以仁是守以義是行然而充類之至而義之盡者君子所不爲也此孟子不得不權時而救時之弊也　孟

子曰諸侯之寶三土地人民政事寶珠玉者殃必及身　諸侯正其封疆不侵鄰國鄰國不犯寶土地也使民以時居不離散寶人民也修其德教布其惠政寶政事也若寶珠玉求索和氏之璧隋侯之珠與强國爭之强國加害殃及身也

疏　正義曰此章言寶此三者以爲國珍寶於爭玩以殃其身諸侯如兹永無患也孟子言諸侯之所寶者有三曰土地曰人民曰政事使鄰國無侵犯其封疆是寶其土地也撫恤鰥寡煢獨使民以時民不離散是寶人民也修德布惠是寶政事也若不以此三者爲寶而寶珠玉者殃禍必及身矣此孟子見當時之君爭城殺人橫賦重斂不以土地人民政事爲寶所以有是言而救之耳○和氏之璧隋侯之珠正義曰案韓詩云楚人和氏得玉璞於楚山中獻武王武王使人相之曰非也王怒刖其左足後成王即位和抱玉璞泣於楚山下成王使人琢之果得寶名曰和氏之璧又隋侯姓祝字元暢往齊國見一蛇在沙中頭上

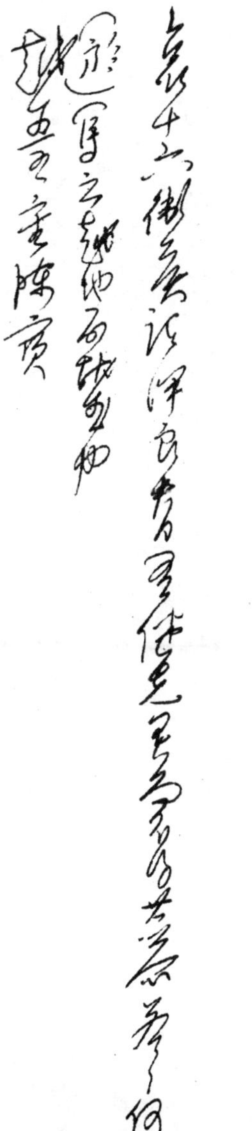

一

事爲萬務方年　壬辰二月

此句子言　似欠斟酌

錢幣一

珠玉用

管子輕重之篇固有寶之有義有用賊以作其苦蔽
寶之也堅和以為珠玉之用也
然華可見之後玉以為寶人
又以為貨幣當
又祝石之布取可悅者貶而不知其為價則
舊行價如為不可積聚
又法令莫蕎栗不足之其但相稱也 語之通

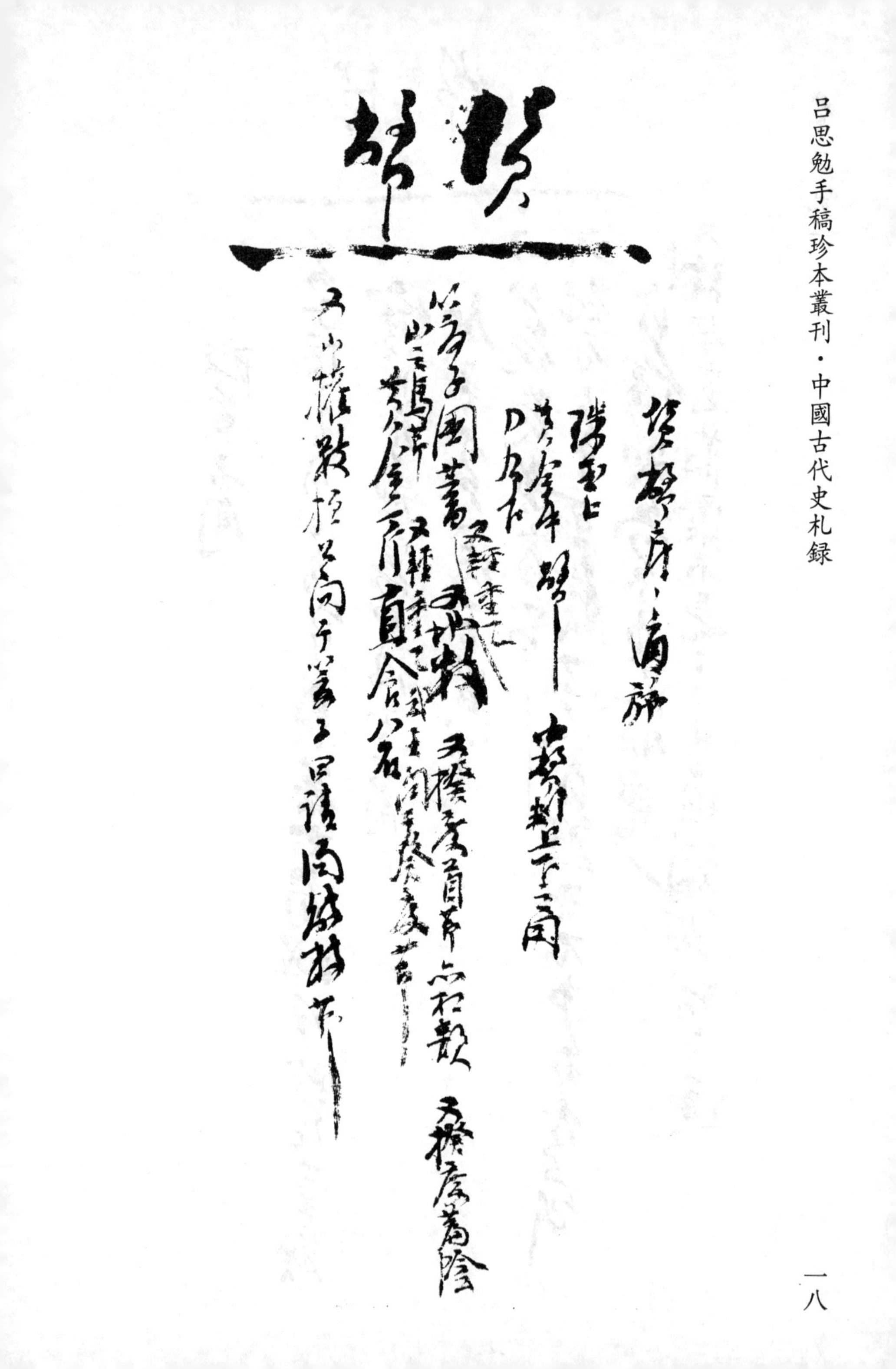

貨殖

貨殖傳、商務

陽貨上

太史公年 踐[illegible] 鄭[illegible]上下二國

[illegible]

以管子國蓄 又輕重乙 又山權數

以乙鳥[illegible] 太公金府 又輕重乙 [illegible]

[illegible] 直合公名 又[illegible] [illegible]

又山權數 [illegible] [illegible]

貨幣

古代之貨幣

先秦以後至秦文錢至明葉

○

以貝爲貨

說文以部貝其寶以爲貝龜古者

貝爲貨

貨幣

貨幣

管子輕重戊

〇令左司馬伯公將白徒而鑄錢於莊山

衛人有夫妻禱者而祝曰使我無故得百束布其夫曰何少也對曰益是子將以買妾

韓非內儲說下

勉案可見一妻而不買

貨幣

呂 買賣

言也不通於輕重謂之妄言

桓公問於管子曰昔者周人有天下諸侯賓服名教通於天下而奪於其下何數也管子對曰君分壤而貢入市朝同流黃金一筴也江陽之珠一筴也秦之明山之曾青一筴也此謂以寡為多以狹為廣軌出之屬也桓公曰天下之數盡於軌出之屬也今國穀重什倍而萬物輕大夫謂賈之子為吾運穀而斂財穀之重一也今九為餘穀重而萬物輕若此則國財九在大夫矣國歲反一財物之九者皆倍重而出矣財物在下幣之九在大夫然則幣穀羨在大夫也天子以客行令以時出熟穀之人亡諸侯受而官之連朋而聚與高下萬物以合民用內則大夫自還而不盡忠外則諸侯連朋合與熟穀之人則去亡故天子失其權也桓公曰善

数109至山

錢幣

𩞄章延反糜也

山權數第七十五

管子輕重八

桓公問管子曰請問權數管子對曰天以時爲權地以財爲權人以力爲權君以令爲權失天之權則人地之權亡桓公曰何爲失天之權則人地之權亡管子對曰湯七年旱禹五年水民之無𩞄賣子者湯以莊山之金鑄幣而贖民之無𩞄賣子者禹以歷山之金鑄幣而贖民之無𩞄賣子者故天權失人地之權皆失也故王者歲守十分之參三年與少半成歲三十一年而藏十一年與少半藏參之一

管子　卷二十二　六

芸事秋十日不害斂實冬二十日不害除田此之謂時作桓公曰善吾欲立軌官爲之柰何管子對曰鹽鐵之筴足以立軌官桓公曰柰何管子對曰龍夏之地布黃金九千以幣貲金巨家以金小家以幣周岐山至於崢丘之西塞丘者山邑之田也布幣稱貧富而調之周壽陵而東至少沙者中田也據之以幣巨家以金小家以幣三壤已撫而國穀再什倍梁渭陽瑣之牛馬滿齊衍請歐之顛齒量其高

札　四

100

钱币荟萃

史事

昔越王句踐好士之勇，教馴其臣（馴讀為訓，詳脩身篇），和合之（此三字無義，疑當作私令人屬下讀），焚舟失火（舟非藏寶之所，御覽宮室部引墨子作自焚其室，疑舟當為內，內謂寢室。呂氏春秋用民篇云句踐試其民于寢宮，民爭入水火，死者千餘矣，遽擊金而郤之。劉子新論閱武篇同。韓非子內儲說上篇亦云焚宮室，並與此事同。內舟形近而譌。非攻中篇徙大舟，舟譌作內，與此可互證。下篇亦同。黃紹箕云：御覽引作焚其室，竊疑本當作焚舟室。越絕外傳記越地傳云：舟室者，句踐船宮也。蓋即教舟師之地，故下篇云伏水火而死者不可勝數也，言或赴火或蹈水，死者甚眾也。後人不喻舟室之義，則誤刪舟字，校本書者又刪室字，遂致歧互矣。桼黃說亦通），試其士曰：越國之寶盡在此。越王親自鼓其士（畢本鼓改鼓，云鼓擊之士从攴，鐘鼓之字从𢦏。桼周禮小師鄭注云：出音曰鼓。此與六鼓之鼓字同而義小異。經典凡鐘鼓與鼓擊字通如此作。說文攴部雖別有鼓字，而音義殊異，畢從宋毛晃說強為分別，非也）而進之（畢云：舊此下有曰字，衍文）。士聞鼓音，破碎亂行（碎疑萃之借字，萃亦行列之謂。穆天子傳七萃之士，郭璞注云：萃，集也，聚也。蓋凡卒徒聚集部隊謂之萃。破萃亂行，皆謂凌躐其曹伍，爭先赴火也），蹈火而死者左右百人有餘（畢云：太平御覽引云越王好士勇，自焚其室，曰越國之寶悉在此中，王自鼓，蹈火而死者百餘人）。越王擊金而退之。

29

墨子兼愛下

昔者越王句踐好勇教其士臣三年以其知為未足以知之也（蘇云上知字當讀如智）焚舟失火（舟疑當作內詳上篇）鼓而進之其士偃前列（廣雅釋詁云偃僵也儀禮鄉射禮鄭注云偃猶作也）伏水火而死有不可勝數也（王云有字文義不順有當為者字之誤也中篇曰士聞鼓音破碎亂行蹈火而死者左右百人有餘是其證按王說是也蘇校同）當此之時不鼓而退也（退上疑挩不字謂士爭進前赴火雖止不鼓而仍不肯退也）越國之士可謂顫矣（顫當讀為憚非攻下篇云以譚其眾顫譚並與憚同畢云玉篇云顫動也言其驚畏）故焚身為其難為也（其亦當作甚）然後為之越王說之（畢云上之字據後前文當為而）未踰於世而民可移也即求以鄉上也

30

錢幣

史　一

宣孟與翳桑餓人百錢

說苑復恩篇

金器

典庸器—人有功者銘勞伐功
伐國所藏器—陳以華國

典庸器下士四人府四人史二人胥八人徒八十人　庸功也鄭司農云庸器有功者鑄器銘其功春秋傳曰以所得於齊之兵作林鍾而銘魯功焉【疏】典庸○釋曰在此者案其職掌藏樂器庸器亦是樂事故列職於此○注庸功至功焉○釋曰先鄭所引春秋者左氏襄十九年季武子與晉師伐齊所以得齊之兵作林鍾而銘魯功焉臧武仲謂季孫曰非禮也夫銘天子令德諸侯言時計功大夫稱伐今稱伐則下等也計功則借人也言時則妨民多矣何以爲銘引之者見其庸器之義

典庸器掌藏樂器庸器　庸器伐國所藏之器若崇鼎貫鼎及以其兵物所鑄銘也【疏】注庸器至銘也○釋曰庸功也言功器者伐國所獲之器也云若崇鼎貫鼎者明堂位文又云及以其兵物所鑄銘也者謂左氏傳季氏以所得齊之兵作林鍾而銘魯功是經中樂器也彼既譏其非時征伐又藉晉之功引之取一邊證鑄作銘功之事耳及祭祀帥其屬而設筍虡陳庸器　設筍虡視瞭當以縣樂器焉陳功器以華國也杜子春云筍讀爲博選之選橫者爲筍從者爲鐻○選胥兖反從子容反鐻音距舊本作此字今或作虡【疏】注設筍至爲鐻○釋曰鄭知此設筍虡視瞭當以縣樂器焉者按視瞭職云掌大師之縣此直云設筍虡明是視瞭縣之可知子春云筍讀爲博選之選者此當俗讀當時語者有博選之言故讀從之也饗食賓射亦如之大喪廞筍虡　廞興也興謂作之【疏】注廞興至作之○釋曰按檀弓有鍾磬而無筍虡鄭注云不縣之彼鄭注見此文有筍虡明有而不縣以喪事略故也

（舊五）

垂矢

陳寶所陳之寶

越玉五重陳寶於東西序坐北列玉五重又陳先王所寶之器物。越玉馬云越地所獻玉也重直容反赤刀大訓弘璧琬琰在西序寶刀赤刀削大訓虞書典謨大璧琬琰之珪為二重。琬紆晚反琰以冉反削音笑大玉夷玉天球河圖在東序三玉為三重夷常也球雍州所貢河圖八卦伏犧王天下龍馬出河遂則其文以畫八卦謂之河圖及典謨皆歷代傳寶之。夷玉馬云東夷之美玉說文夷玉即珣玗琪球音求馬云玉磬雍於用反本亦作邕肙之舞衣大貝鼖鼓在西房肙國所為舞者之衣皆中法大貝如車渠鼖鼓長八尺商周傳寶之西房西夾坐東。鼖扶云反注同中丁仲反車尺遮反車渠車輞也兊之戈和之弓垂之竹矢在東房兊和古之巧人垂舜共工所為皆中法故亦傳寶之東房東廂夾室。兊徒外反共音恭

傳寶刀至二重。正義曰上言陳寶非寶則不得陳之故知赤刀為寶刀也謂之赤刀者其刀必有赤處刀一名削故名赤刀削也禮記少儀記執物授人之儀云刀授穎削授拊鄭玄云避用時也穎鐶也拊謂把也然則刀施鐶削用把削似小於刀相對為異散文則通故傳以赤刀為赤刀削吳錄稱吳人嚴白虎聚衆反還弟與治孫策策引白削斫虎與禮動曰我見刃為然然赤刃為赤削白刃為白削是削為刀之別名明矣周禮考工記云築氏為削合六而成規鄭注云曲刃刀也又云赤刀者武王誅紂時刀赤為飾周正色不知其言何所出也大訓虞書典謨王肅亦以為然鄭云大訓謂禮法先王德教皆是以意言耳弘訓大也大璧琬琰之圭為二重則琬琰共為一重周禮典瑞云琬圭以治德琰圭以易行則琬琰別玉而共為重者蓋以其玉形質同故不別為重也考工記琬圭琰圭皆九寸鄭玄云大璧大琰皆度尺二寸者孔既不分為二重亦不知何所據也。傳三玉至寶之。正義曰三玉為三重與上共為五重也夷常釋詁文禹貢雍州所貢球琳琅玕知球是雍州所貢也常玉天球傳不解常天之義未審孔意如何王肅云夷玉東夷之美玉天球玉磬也亦不解稱天之意鄭玄云大玉華山之球也夷玉東北之珣玗琪也天球雍州所貢之玉色如天者皆璞未見琢治故不以禮器名之釋地云東方之美者有醫無閭之珣玗琪焉東方實有此玉鄭以夷玉為彼玉未知經意為然否河圖八卦是伏犧氏王天下龍馬出河遂則其文以畫八卦謂之河圖當孔之時必有書為此說也漢書五行志劉歆以為伏犧氏繼天而王受河圖則而畫之八卦是也劉歆亦如孔說是必有書明矣易繫辭云古者包犧氏之王天下也仰則觀象於天俯則觀法於地觀鳥獸之文與地之宜近取諸身遠取諸物於是始作八卦都不言法河圖也而此傳言河圖者蓋易理寬弘無所不法直如繫辭之言所法已自多矣亦何妨更法河圖也且繫辭又云河出圖洛出書聖人則之若八卦不則河圖餘復何所則也王肅亦云河圖八卦也璧玉人之所貴是為可寶[illegible]典謨非金玉之類嫌其非寶故云河圖及典謨皆歷代傳寶之此西序東序各陳四物皆是臨時處置[illegible]房各有一物亦應無別意也。傳肙

國至坐東○正義曰以夏有胤侯知胤是國名也胤是前代之國舞衣至今猶在明其所爲中法故常寶之亦不知舞者之衣是何衣也大貝必大於餘貝伏生書傳云散宜生之江淮取大貝如大車之渠是言大小如車渠也考工記謂車罔爲渠大小如車罔其貝形曲如車罔故比之也考工記云鼓長八尺謂之鼖鼓釋樂云大鼓謂之鼖此鼓必有所異周興至此未久當是先代之器故云商周傳寶之西序即是西夾西夾之前已有南向坐矣西序亦陳之寶近在此坐之西知此在西房者在西夾室東也○傳兌和至夾室○正義曰戈弓竹矢巧人所作垂是巧人知兌和亦古人之巧人也垂舜共工舜典文若不中法即不足可寶知所爲皆中法故亦傳寶之垂是舜之共工竹矢蓋舜時之物其兌和之所作則不知寶。來幾何世。也故皆言傳寶之耳東夾室無坐故直言東廂夾室陳於夾室之前也案鄭注周禮宗廟路寢制如明堂明堂則五室此路寢得有東房西房者鄭志張逸以此問鄭荅云成王崩在鎬京鎬京宮室因文武更不改作故同諸侯之制有左右房。也孔無明說或與鄭異路寢之制不必同明堂也

寶物

寶

先是伐衛納朔兵歷四時及反民煩擾之所生○蹞七丁反【疏】注兵歷四時○解云謂從五年冬訖于此年之秋故也○冬齊人來歸衛寶此衛寶也則齊人曷爲來歸之衛人歸之也以稱人共國辭○衛寶左氏經作衛俘【疏】注以稱人共國辭○解云注言此者欲決三十一年齊侯來獻戎捷不言人也言以稱人共國辭者謂稱齊人可以兼得兩國人之辭也衛人歸之則其稱齊人何讓乎我也其讓乎我奈何齊侯曰此非寡人之力魯侯之力也時朔得國後遣人賂齊齊侯推功歸魯使衛人持寶來雖本非義賂齊當以讓除惡故善起其事主書者極惡魯犯命復貪利也不爲大惡者納朔本不以賂行事畢而見謝爾寶者玉物之凡名○惡烏路反【疏】注故善起其事○解云言春秋善齊侯之讓是以不言衛人而稱齊人所以起其讓事矣○注不爲至謝爾○解云所傳聞之世內大惡諱之今此書見故知不爲大惡矣○注寶者至凡名○解云猶言玉物之揔名耳定八年傳云寶者何璋判白弓繡質龜青純是也

十三經注疏

公羊六　莊公六年　七年　十

公莊六

周錄

以上六九

器錄

寶器

寶玉大弓

〇盜竊寶玉大弓寶玉者封圭也始封之圭大弓者武王之戎弓也是武王征伐之弓周

公受賜藏之魯周公受賜於周藏之魯者欲世世子孫無忘周德也非其所以與人而與人謂之亡亡失也非其所取而取

之謂之盜 疏 非其至之亡。傳曰於經何例當之解經言饑止謂二穀不收苞宣公之例五穀不收止在當文康饉無例應之今因盜而發亡例經無應之或說非其所以與人謂之亡是梁伯所行也梁伯受國于

天子不能撫其民人而自失之夫國之利器不可以示人權之可守焉得虛假君貪色好酒耳目不能聰明上無正長之治大臣背叛而國外奔因若自滅故謂之亡此可以應其義

九年春王正月〇夏四月戊申鄭伯蠆卒。蠆田遇反〇得寶玉大弓杜預曰弓王國之分器也得之足以為榮失之足以為辱故重而書之。分器扶問反

其不地何也 疏 其不地何也。釋曰據何文而責地解此據獲物言地經言戰于大棘獲宋華元宜蒙上地故據彼責此

寶玉大弓在家則羞不目羞也國之大寶在家則羞也況陪臣專之乎恥甚而不目其地 疏 注況陪臣專之乎恥甚而不目其地釋曰下或曰陽虎以解眾也還是陪臣何以異之解上說不目羞明失之為辱得之為榮榮而言地地是陪臣之所居魯能奪陪臣之得可以明免恥何為不地夫以千乘之國而受辱於陪臣雖得為榮書地則恥或曰之義得非魯力也陽虎竊國重寶非其所用畏眾之討送納歸君故書而記之

惡得之惡於何也。惡音烏注同得之堤下或曰陽虎以解眾也〇六月葬鄭獻公〇秋齊侯衛侯次于五氏五氏晉地〇秦伯卒〇冬

葬秦哀公

定公八

寶器

奔晉○衛侯謂渾良夫曰吾繼先君而不得其器若之何（國之寶器輒皆將去）良夫代執火者而言（將密謀屏左右）曰疾與亡君皆君之子也召之而擇材焉可也（召輒）若不材器可得也（輒若不材可廢其身因得其器）豎告大子（大子疾）大子使五人輿豭從已劫公而強盟之（盟求必立已○豭音加強其丈反）且請殺良夫公曰其盟免三死（盟在十五年）曰請三之後有罪殺之公曰諾哉

哀十六

官室

天府上士一人中士二人府四人史二人胥二人徒二十人府物所藏言天者尊此所藏若天物然

疏天府○釋曰天府在此者其職云掌祖廟之守藏大祭祀則出而陳於廟庭故亦列職於此也○注府物至物然○釋曰云府物所藏者鄭揔解府義府聚也凡物所聚皆曰府官人所聚曰官府在人身中飲食所聚謂之六府詩云叔在藪火烈具舉注藪澤禽之府也大府王府外內府泉府皆是藏財貨鄭云藏財貨曰府亦是物所藏也云言天者尊此所藏若天物然者案其職云凡國之玉鎮大寶器藏焉是尊此所藏若天物然故名此府爲天府也

（青眉一）

天府——府物所藏言天尊之

此侍守之藏物——陳之於廟

禁令——不使人妄入……

典瑞掌凡瑞器　天府掌其藏也

碌命之諸器物

大訓——典謨……

河圖

會計　先要

天府掌祖廟之守藏與其禁令祖廟始祖后稷之廟其寶物世傳守之若魯寶玉大弓者○守藏上手又反下才浪反傳直專反疏天府至禁令○釋曰天府所守藏者即下文玉鎮已下是也禁令謂禁守不得使人妄入之等也○注祖廟至弓者○釋曰案王制云天子七廟三昭三穆與大祖之廟而七大祖即始祖廟也周立后稷廟為始祖以其最尊故寶物藏焉云其寶物世傳守之若魯寶玉大弓者案春秋定八年盜竊寶玉大弓公羊傳云寶者何璋判白弓繡質是世傳守者也

凡國之玉鎮大寶器藏焉若有大祭大喪則出而陳之既事藏之玉鎮大寶器玉瑞玉器之美者禘祫及大喪陳之以華國也故書鎮作瑱鄭司農云瑱讀為鎮書顧命曰翌日乙丑王崩丁卯命作冊度越七日癸酉陳寶赤刀大訓弘璧琬琰在西序大玉夷玉天球河圖在東序胤之舞衣大貝鼖鼓在西房兌之戈和之弓垂之竹矢在東房此其行事見於經○鎮珍忍反又音珍瑱他見反琬於阮反琰以冉反球音求鼖扶云反兌徒外反垂如字劉音瑞見賢遍反疏凡國至藏之○釋曰云玉鎮大寶器藏焉者若典瑞掌其凡瑞器故典瑞云掌玉瑞玉器之藏辨其名物與其用事設其服飾其美者天府掌之○注玉鎮至於經○釋曰鄭知玉鎮大寶器是玉瑞玉器之美者此云玉鎮即大宗伯云以玉作六瑞鎮圭之屬即此寶鎮也彼又云以玉作六器蒼璧禮天之屬即此寶器也知是美者以別入此天府故知簡取美者來入也○鄭知禘祫者經云大祭祀故知也先鄭云顧命曰翌日乙丑王崩者謂上文云甲子王被冕服憑玉几出顧命下云翌日乙丑是甲子明日也云丁卯命作冊度者謂乙丑至丁卯是三日小斂之日也大保命史官作冊書法度擬傳顧命之事云越七日癸酉者越於也於丁卯後七日則通死日乙丑為九日是除死日七日大斂之明日總九日也云陳寶赤刀大訓弘璧琬琰在西序者陳寶是總目語即赤刀已下是也赤刀者鄭注云武王誅紂赤刀為飾大訓者禮法先王禮教即虞書典謨是也弘璧弘大也大璧琬琰皆尺二寸者云大玉夷玉天球河圖者鄭云大玉華山之球夷玉東北之珣天球雍州所貢之玉色如天三者皆璞未見琢治故不以器名之河圖圖出於河水帝王聖者所受云胤之舞衣大貝鼖鼓兌之戈和之弓垂之竹矢者鄭注云胤也和也垂也皆古人造此物者之名鼖鼓大鼓也此鼖非謂考工記鼖鼓長八尺者若是周物何須獨寶守明前代之物與周鼖鼓同名耳大貝者書傳曰散宜生之江淮之浦取大貝如車渠是也云此其行事見於經者此經云大喪出而陳之不見行事故引顧命為行事見於經也此經有大祭祀出寶器無行事見於經故不引也

泉幣

易以利此是定傾危之計勾踐曰諾乃令大夫種行成於吳【索隱】大夫官種名也一云大夫姓猶司馬司空之比非也成者平也求和於吳也【正義】吳越春秋云大夫種姓文名種字子禽荊平王時爲宛令之

三戶之里范蠡從犬竇蹲而吠之從吏恐文種慙令人引衣而鄣之文種曰無鄣也吾聞犬之所吠者人今吾到此有聖人之氣行而求之來至於此且人身而犬吠者謂我是人也乃下車拜蠡不爲禮膝行頓首曰君王

亡臣勾踐使陪臣種敢告下執事勾踐請爲臣妻爲妾吳王將許之子胥言於吳王曰天以越賜吳勿許也種還以報勾

踐勾踐欲殺妻子燔寶器觸戰以死種止勾踐曰夫吳太宰嚭貪可誘以利請間行言之【索隱】間音紀閑反間行猶微行於是勾踐乃以

美女寶器令種間獻吳太宰嚭【索隱】國語云越飾美女二人使大夫種遺太宰嚭嚭受乃見大夫種於吳王種頓首言曰願大王赦勾踐之罪盡

入其寶器不幸不赦勾踐將盡殺其妻子燔其寶器悉五千人觸戰必有當也【索隱】言悉五千人觸戰或有能當吳兵者故國語作耦耦亦相當對之名又下云無

越王勾踐世家

傳

以錢爲禮：

參考自出選擇以兩端 勉書於修聞此生

以材校易、

趙世家云孝成王十二年又十三年

貨殖傳爲見未有趙荀子之學殘存遇之

平中頓首

城九四十年燕秦楚三晉合謀各出銳師以伐敗我濟西〔集解〕徐廣曰案其餘諸傳無楚伐齊事年表云楚取淮北王解而郤燕將樂毅遂入臨淄盡取齊之寶藏器湣王出亡之衛衛君辟宮舍之稱臣而共具湣王不遜衛人侵之湣王去走鄒魯有驕色鄒魯君弗內遂走莒楚使淖齒將兵救齊〔索隱〕淖音女教反因相齊湣王淖齒遂殺湣王而與燕共分齊之侵地鹵器〔正義〕鹵掠齊寶器也

十六年又稱後元一十七年卒此文分惠王之歷以爲二王之年又有哀王凡二十三年紀事甚明蓋無足疑然則是紀年之作失哀王之代故分襄王之年爲惠王後元卽以襄王之年包哀王之代耳〔哀王〕元年五國共攻秦〔正義〕韓魏楚趙燕也不勝而去二年齊敗我觀津〔正義〕括地志云觀津城在冀州棗強縣東南二十五里本趙邑今屬魏也五年秦使樗里子伐取我曲沃〔索隱〕樗里子秦昭王弟名疾居樗里故因號焉走犀首岸門〔集解〕徐廣曰潁陰有岸亭〔索隱〕犀首官名卽公孫衍劉氏云河東皮氏縣有岸頭亭也〔正義〕括地志云岸門在許州長社縣西北十八里今名西武亭六年秦求立公子政爲太子〔索隱〕政魏公子也與秦會臨晉七年攻齊〔集解〕徐廣曰年表云擊齊虜聲子於濮也與秦伐燕八年伐衛拔列城二〔索隱〕紀年云八年翟章伐衛衛君患之如耳見衛君〔正義〕如耳魏大夫姓名也曰請罷魏兵免成陵君可乎衛君曰先生果能孤請世世以衛事先生如耳見成陵君曰昔者魏伐趙斷羊腸拔閼與〔集解〕徐廣曰在上黨〔正義〕閼於連反與音預羊腸坂道在太行山上南口懷州北口潞州閼與故城在潞州及儀州若斷羊腸拔閼與北連恒州則趙國東西斷而爲二也約斬趙趙分而爲二所以不亡者魏爲從主也今衛已迫亡將西請事於秦與其以秦醳衛不如以魏醳衛〔正義〕醳音釋衛之德魏必終無窮成陵君曰諾如耳見魏王曰臣有謁於衛衛故周室之別也其稱小國多寶器今國迫於難而寶器不出者其心以爲攻衛醳衛不以王爲主故寶器雖出必不入於王也臣竊料之先言醳衛者必受衛者也如耳出成陵君入以其言見魏王魏王聽其說罷其兵免成陵君終身不見九年與秦王會臨晉張儀魏章皆歸于魏〔索隱〕章爲魏將後又相秦魏

貨幣

樂毅樂毅於是并護趙楚韓魏燕之兵以伐齊【索隱】護謂總領之也破之濟西諸侯兵罷歸而燕軍樂毅獨追至於臨菑齊湣王之敗濟西亡走保於莒樂毅獨留徇齊齊皆城守樂毅攻入臨菑盡取齊寶財物祭器輸之燕燕昭王大說親至濟上勞軍

水之濟上之軍受命擊齊大敗齊人輕卒銳兵長驅至國齊王遁而走莒僅以身免珠玉財寶車甲珍器盡收入於燕齊

上

器設於寧臺【索隱】燕臺也【正義】括地志云按元英磨室二宮皆燕宮在幽州薊縣西四里寧臺之下大呂陳於元英【索隱】大呂齊鍾名元英燕宮殿名也故鼎反乎磨室【集解】徐廣曰磨一作歷【索隱】燕鼎前輸於齊今反入於磨室磨室亦宮名戰國策作歷室也【正義】括地志云歷室燕宮名也燕詩云燕噲亂齊伐燕殺噲得鼎今反歸燕故鼎薊丘之植植於汶篁【集解】徐廣曰竹田曰篁謂燕之疆界移於齊之汶水【索隱】薊丘燕所都之地言燕之薊丘所植植齊王汶上之竹徐注非也【正義】幽州薊地西北隅有薊丘又汶水源出兗州博城縣東北原山西南入濟自五伯已來功未有及先王者也先王以為

諸侯而弱國或絕祀而滅世以至於秦卒并海內虞夏之幣金爲三品（索隱：即下或黃或白或赤也。黃黃金也，白白銀也，赤赤銅也。見食貨志）或黃或白或赤或錢或布（集解：如淳曰：布於民間也）或刀（集解：如淳曰：名錢爲刀者，以其利於民）或龜貝及至秦中一國之幣爲三等黃金以溢名（集解：孟康曰：二十兩爲溢）爲上幣銅錢識曰半兩重如其文爲下幣而珠玉龜貝銀錫之屬爲器飾寶藏不爲幣然各隨時而輕重無常於是外攘夷狄內興功業海內之士力耕不足糧饟女子紡績不足衣服古者嘗竭天下之資財以奉其上猶自以爲不足也無異故云事勢之流相激使然曷足怪焉

前漢書卷二十四上

食貨志第四

洪範八政一曰食二曰貨食謂農殖嘉穀可食之物［師古曰殖生也嘉善也］貨謂布帛可衣［師古曰衣音於旣反］及金刀龜貝所以分財布利通有無者也［師古曰金謂五色之金也黃者曰金白者曰銀赤者曰銅青者曰鉛黑者曰鐵刀謂錢幣也龜以卜占貝以表飾故皆爲寶貨也］二者生民之本興自神農之世斲木爲耜煣木爲耒耒耨之利以教天下而食足［師古曰斲斫也煣屈也耒手耕曲木也耜耒端木所以施金也耨耘田也耜音似煣音人九反耒音來內反耨音乃搆反。宋祁曰煣木當爲揉木煣玉篇曰而九切以火屈木曲案易作揉］日中爲市致天下之民聚天下之貨交易而退各得其所而貨通［師古曰自斲木爲耜以至於此事見易上繫辭］食足貨通然後國實民富而教化

貨幣

凡貨金錢布帛之用夏殷以前其詳靡記云太公為周立九府圜法李奇曰圜即錢也圜一寸而重九兩師古曰此說非也周官大府玉府內府外府泉府天府職內職金職幣皆掌財幣之官故云九府圜謂均而通也○宋祁曰周官下當添有字黃金方寸而重一斤錢圜函方孟康曰外圜而內孔方也輕重以銖師古曰言黃金以斤為名錢則以銖為重也布帛廣二尺二寸為幅長四丈為匹故貨寶於金利於刀如淳曰名錢為刀者以其利於民也流於泉如淳曰流行如泉也布於布如淳曰布於民間束於帛李奇曰束聚也太公退又行之於齊至管仲相桓公通輕重之權曰歲有凶穰師古曰穰音人常反○宋祁曰人常當作人掌故穀有貴賤令有緩急故物有輕重李奇曰上令急於求米則民重米緩於求米則民輕米人君不理則畜賈游於市師古曰畜讀曰蓄蓄賈謂賈人之多蓄積者乘民之不給百倍其本矣師古曰給足也故萬乘之國必有萬金之賈千乘之國必有千金之賈者利有所并也計本量委則足矣李奇曰委積也然而民有飢餓者穀有所臧也師古曰言富人多臧穀故令貧者食不足也民有餘則輕之故人君斂之以輕民不足則重之故人君散之以重李奇曰民輕之之時為斂糴之重之之時官為散也凡輕重斂散之以時則準平使萬室之邑必有萬鍾之臧臧繦千萬李奇曰繦落也孟康曰六斛四斗為鍾繦錢貫也管子曰凶歲糴釜十繦師古曰孟說是也繦音居兩反千室之邑必有千鍾之臧臧繦百萬春以奉耕夏以奉耘師古曰奉謂供事也耒耜器械種饟糧食必取澹焉師古曰種五穀之種也饟字與餉同謂餉田之具也○宋祁曰取澹當作取贍故大賈畜家不得豪奪吾民矣師古曰畜讀曰蓄豪謂輕侮之也字本作勢蓋通用字耳桓公遂用區區之齊合諸侯顯伯名師古曰伯讀曰霸其後百餘年周景王時患錢輕將更鑄大錢應劭曰大於舊錢其價重也單穆公曰不可師古曰單穆公周大夫單旗也單音善古者天降災戾師古曰戾惡氣也一曰戾至也於是乎量資幣權輕重以救民應劭曰資財也量資幣多少有無平其輕重也師古曰凡言幣者皆所以通貨物易有無也故金之與錢皆名為幣也民患輕則為之作重幣以行之於是有母權子而行民皆得焉應劭曰母重也其大倍故為母也子輕也其輕少半故為子也民患幣之輕而物貴為重幣以平之權時而行以廢其輕故曰母權子猶言重權輕也民皆得者本末有無皆得其利也孟康曰重為母輕為子若市八十錢物以母當五十以子三十續之若不堪重則多作輕而行之亦不廢重於是乎有子權母而行小大利之應劭曰民患幣重則多作輕錢而行之亦不廢去重者言重者行其貴輕者行其賤也今王廢輕而作重民失其資能無匱乎民若匱王用將有所乏乏將厚取於民師古曰厚猶多也重也民不給將有遠志是離民也師古曰遠志謂去其本居而散亡也且絕民用以實王府猶塞川原為潢洿也師古曰原謂水泉之本也潢洿停水也潢音黃洿音一胡反竭亡日矣王其圖之弗聽卒鑄大錢文曰寶貨肉好皆有周郭韋昭曰肉錢形也好孔也以勸農澹不足百姓蒙利焉孟康曰單穆公曰竭亡日矣不得復云百姓蒙利焉臣瓚曰但自不聽不鑄大錢耳[illegible]自從其不廢輕此言母子並用故蒙其利也師古曰二說皆非也單旗雖有此言王終自鑄果有便故百姓蒙其利也

貨幣

治銅為農器

魏書崔亮傳

中國田賦

猶未然之事乖違文勢上下苟異杜氏而規其過非也 魯衞諫曰齊疾我矣 諫郤克也 其死亡者皆親暱也子若不許讎我必甚唯子則又何求子得其國寶 謂甗磬。暱女乙反 我亦得地 齊歸所侵 而紓於難 齊服則難緩。紓音紓緩也一音直呂反難乃旦反下同 其榮多矣齊晉亦唯天所授豈必晉晉人許之對曰羣臣帥賦輿 賦輿猶兵車 以為魯衞請若苟有以藉口而復於寡君 藉薦復白也。為于偽反藉在夜反注同 疏 注藉薦復白也。正義曰禮承玉之物名為繅藉藉是承薦之言故為薦也復者報命於君故為白也言無物則空口以為報少有所得則與口為藉故曰藉口服虔云今河南俗語治生求利少有所得皆言可用藉手矣 君之惠也敢不唯命是聽

成二

貨幣

槀人——掌弓弩箭矢——出入会計

槀人中士四人府二人史四人胥二人徒二十人鄭司農云槀讀爲芻槀之槀箭幹謂之槀此官主弓弩箭矢故謂之槀人。槀古老反幹如字沈古旱反

疏注鄭司至槀人。釋曰在此者職云掌六弓八矢四弩是軍事所用故在此也先鄭云箭幹謂之槀按冬官矢人云以其笴厚爲之羽深後鄭云笴讀爲槀謂矢幹古文假借字則此槀人非直掌矢槀兼主弓弩矢箙等而云槀人者以槀爲主耳故云此官主弓弩箭矢故謂之槀人

槀人掌受財于職金以齎其工齎其工者給市財用之直。齎音咨後皆同也疏槀人至其工。釋曰掌受財于職金者謂有罪人出贖之物金罰貨罰故須財者往受之。注齎其至之直。釋曰弓弩矢箙皆是冬官百工造之故云齎其工者給市財用之直也弓六物爲三等弩四物亦如之三等者上中下人各有所宜弓人職曰弓長六尺六寸謂之上制上士服之弓長六尺三寸謂之中制中士服之弓長六尺謂之下制下士服之弩及矢箙長短之制未聞疏弓六至如之。釋曰弓人惟云弓之長短不言弩之長短蓋當與弓同但無文故注亦云未聞。注三等至未聞。釋曰云三等者上中下人各有所宜者皆據凡人長短爲上中下士非謂命數者也此經惟言弓弩不言矢箙以下經有矢箙因此弩并云未聞按矢人造矢云五分其長而羽其一注云羽者六寸其羽六寸則矢長三尺而此云矢未聞者彼矢長三尺約而言之亦無正文且弓之長短既不同明矢亦當有差等其矢之差等未聞及箙亦未聞也但弓六物爲三等不言皆者下別言弩故六弓不言皆下矢八物皆三等言皆者矢八物中兼有弩矢故須言皆也矢八物皆三等箙亦如之春獻素秋獻成矢箙春作秋成疏矢八至獻成。釋曰按司弓矢注弓弩各有四矢應作四等而言三等蓋據長短爲三等注矢人注矢長三尺者假設言之弩既無長短之文矢亦未聞長短也若然箙隨矢長則弓之矢箙與弓矢齊弩之矢箙亦與弩矢齊但矢既未聞故箙亦未聞也。注矢箙春作秋成。釋曰按士喪禮明器有獻素獻成注云形法定爲素飾治畢爲成此矢箙亦然書其等以饗工鄭司農云書工功拙高下之等以制其饗食也玄謂饗酒肴勞之也上工作上等其饗厚下工作下等其饗薄。勞洛報反疏注鄭司至饗薄。釋曰按下文自有下上其食此文饗據以酒肴饗之先鄭以饗爲食非故後鄭不從後鄭不言中饗者舉有上下明有中可知也乘其事試其弓弩以下上其食而誅賞鄭司農云乘計也計其事之成功也故書試爲考玄謂考之而善則上其食尤善又賞之否者反此。試音考出注下上時掌反注同疏注鄭司至反此。釋曰云故書試爲考後鄭亦從考爲義也乃入功于司弓矢及繕人功成凡齎財與其出入皆在槀人以待會而攷之亡者闕之皆在槀人者所齎工之財及弓弩矢箙出入其簿書槀人藏之闕猶除也弓弩矢箙棄亡者除之計今見在者。見賢遍反疏乃入至闕之。釋曰數事皆在槀人者以槀人是弓矢官之主故皆有簿書藏之也

財政（經濟）

貨｜天地所化生｜｜金玉

賄｜對貨自然之物｜｜布帛

幣｜人所造成以自覆｜｜束帛

主國禮賓視賓之聘禮而爲之財

化生謂玉也君子於玉比德焉朝聘之禮以爲瑞節重禮也多之則是主於貨傷敗其爲德 疏 多貨則傷于德○注貨天至爲德○釋曰此經主論聘享所用圭璋璧琮不得過多之事也云貨天地所化生謂玉也者鄭注周禮九職亦云金玉曰貨布帛曰賄故此注云貨天地所化生謂玉也下注云幣人所造成幣則布帛曰賄對金玉是自然之物也云君子於玉比德焉者聘義文云重禮也亦聘義文云多之則是主於貨傷敗其爲德者以玉比德故朝聘用之相屬以德不取重寶珍美之意若多之則是主於貨物不取相厲以德是傷敗其爲德是以圭璧聘享主國君璋琮聘享主國夫人各用一而已也

幣美則沒禮 幣人所造成以自覆幣謂束也愛之斯欲衣食之君子之情也是以享用幣所以副忠信美之則是主於幣而禮之本意不見也 疏 幣美則沒禮○注幣人至見也○釋曰此主論享時用束帛故享君用束帛享夫人用束錦皆不得過美云幣人所造成以自覆幣謂束帛也者案禮記檀弓伯高之喪孔氏之使者未至冉子攝束帛乘馬而將之孔子曰異哉徒使我不誠於伯高鄭注云禮所以副忠信也忠信而無禮何傳乎是知自覆者覆忠信而已若更美則主意於財美而禮不見故沒禮也云愛之斯欲衣食之君子之情也者禮記檀弓云愛之斯錄之矣彼據愛父母而作重此亦微取彼文但此云愛之斯欲衣食之兼言食謂以幣欲之君子之情則忠信

賄在聘于賄 賄財也于讀曰爲言主國禮賓當視賓之聘禮而爲之財也賓客者主人所欲豐也若苟豐之是又傷財也周禮曰凡諸侯之交各稱其邦而爲之幣以其幣爲之禮古文賄皆作悔 疏 賄在聘于賄○注賄財至作悔○釋曰鄭轉于作爲者欲就司儀之文爲解故也云言主國禮賓者釋經賄是主國禮賓也云當視賓之聘禮者釋經在聘謂在賓聘財多少云而爲之財也者釋經于賄也謂主人視賓多少爲賄賄數豐若苟豐之是又傷財也者凡行禮用財者取不豐不儉取於折中若苟且豐多則傷於貨財引周禮者秋官司儀職文案彼注云幣謂享幣也於大國則豐於小國則殺解經各稱其邦而爲之幣彼又注云主國禮之如其豐殺之禮解經以其幣爲之禮謂賄用束紡禮主束帛乘皮及贈之屬是也

多貨則傷于德 貨天地所

聘禮（儀禮）

財

王好爲之玉器

凡玉器出則共奉之王器出謂王所好賜也奉之送以往遠則送於

十三經注疏　周禮二十　春官宗伯　壹

使者疏注玉器至使者。釋曰云玉器出謂王所好賜也者天府云遷寶謂徙國都此不言遷直言出故知王所好賜之者也云遠則送於使者者謂王使人就國賜之則往就使者付之故云送於使者也

附釋音周禮注疏卷第二十

鄭氏注　賈公彥疏

[illegible]

[illegible]

十三經注疏　孟子二下　梁惠王下　十二

比也意言治國家必用君子之道施而後治人君反小而用之未有能治國家者也不特若此又有以喻焉璞玉則亦國家比也玉人則亦君子比也意謂璞玉人之所寶也然不敢自治飾之必用使治玉人然後得成美器也若國家則人君之所寶也然人君不能自治必用君子治之然後安也今也君子不得施所學之道以治國家反使從己所教以治之此亦教玉人彫琢玉同也固不足以成美器適所以殘害之也故孟子所以有此譬之○注巨室大宮也至喻之也○正義曰字林云巨大也白虎通曰黃帝始作宮室是知巨室則大宮也周禮考工記云審曲面埶以飭五材以辨民器謂之工凡攻木之工七攻金之工六攻皮之工五設色之工五刮摩之工五搏埴之工五輪輿弓廬匠車梓凡此者是攻木之工也餘工不敢煩述所謂工師者師範也教也即掌教百工者如漢書云將作少府秦官掌理宮室者是也匠人即斵削之人也風俗通云凡是於事巫卜陶匠是也然則此言匠人者即攻木之匠也○注金二十兩為鎰○正義曰國語云二十四兩為鎰禮云朝一鎰米注亦謂二十四兩今注誤為二十兩

貨幣

貝居陸贆在水者蜬陸水異名也貝中肉如科斗但有頭尾耳○贆音標大者魧譬大

傳曰大貝如車渠車渠謂車輞即魧屬○魧音杭小者鰿今細貝亦有紫色者出日南○鰿音積玄貝貽貝黑色貝也餘貾黃白文以黃為質白文為點○貾音池餘泉白黃文以白為質黃為文點今之紫貝以紫為質黑為文點蚆博而頯頯者中央廣兩頭銳○蚆音巴頯匡軌切蜠大而險險者謂污薄○蜠求隕切蟦小而橢即上小貝橢謂狹而長此皆說貝之形容○蟦音責橢他果切

疏貝居至而橢○釋曰此辨貝居陸居水大小文彩不同之名也云貝者目諸貝也說文云貝海介蟲也取其甲以飾器物古者貨貝周而有泉至秦廢貝行錢居陸者名贆在水者名蜬至大者名魧至小者名鰿黑色之貝名貽貝黃為質白為文點者名餘貾白為質黃為文點者名餘泉中央廣兩頭銳者名蚆大而污薄者名蜠小而狹長者名蟦○注書大至魧屬○釋曰案大傳云西伯既戡耆紂囚之羑里散宜生之江淮之浦取大貝大如大車之渠以贖其辠是也考工記謂車輞為渠故云渠謂車輞其貝形曲及大小如車輞故比之也引之以證此經魧是其大如車輞者故云即魧屬○注以白至文點○釋曰舍人云貝水中蟲也李巡曰餘貾貝甲黃為質白為文彩餘泉貝甲白為質黃為文彩陸機疏云貝水中介蟲也龜鼈之屬其文彩之異大小之殊甚衆古者貨貝是也餘貾黃為質以白為文餘泉白為質以黃為文又有紫貝其白質如玉紫點為文皆行列相當其貝大者當至一尺六七寸者今九眞交趾以為杯盤寶物也是先儒相傳為然但解紫貝與郭氏少異陸機以白為質紫為文郭氏以紫為質黑為文是其異也書云文貝仍几詩云成是貝錦山海經陰山濁浴水出焉南流注蕃澤其中多文貝皆謂此餘貾餘泉也○注即上至形容○釋曰云即上小貝知者以其同名蟦也云橢謂狹而長者詩云隨山喬嶽楚辭云南北順橢其衍幾何皆是橢為狹長之名也

釋魚

壬

陸賈隋陽緯

以字八六藝某

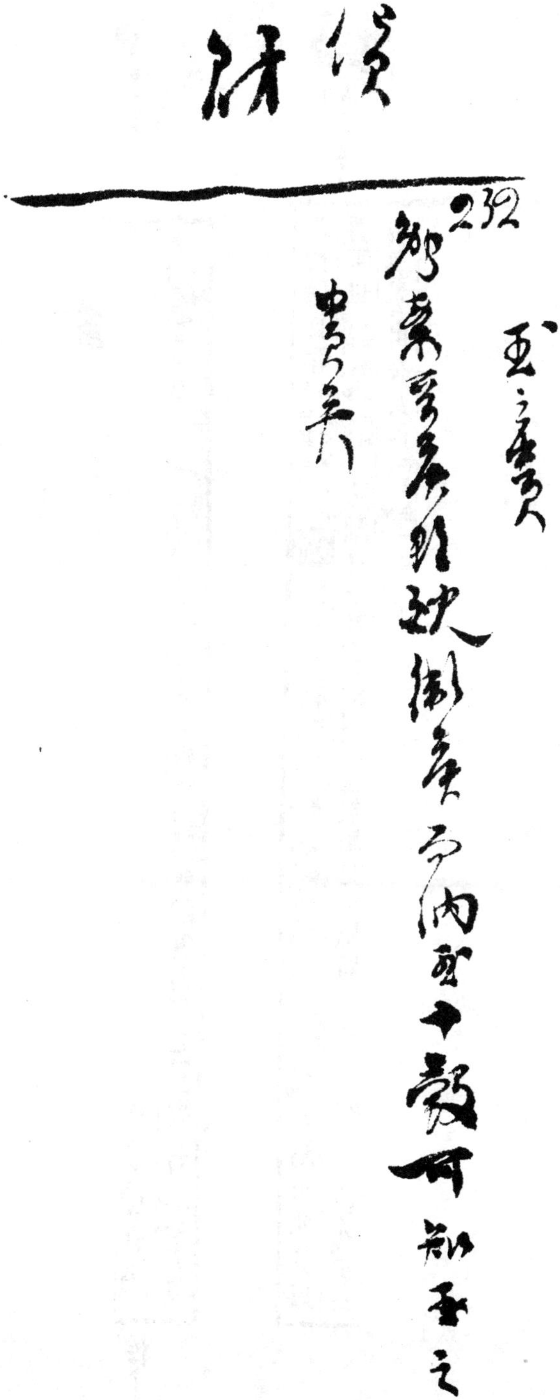

玉

債　幣

○初虞叔有玉虞叔虞公之弟疏注虞叔虞公之弟。○正義曰祭叔既爲祭公之弟知虞叔亦是虞公之弟虞公求旃旃之也。旃之然反弗獻既而悔之曰周諺有之匹夫無罪懷璧其罪人利其璧以璧爲罪。○諺音彥疏匹夫無罪。○正義曰士大夫以上則有妾媵庶人惟夫妻相匹其名既定雖單亦通故書傳通謂之匹夫匹婦也吾焉用此其以賈害也賈買也。○焉於虔反賈音古注同乃獻又求其寶劍叔曰是無厭也無厭將及我將殺我。○厭於鹽反下同○遂伐虞公故虞公出奔共池共池地名闕。○共音恭。○

幣制

句金

蕪翁高弟抵筆命名の脡脯海屋曰

胸中日脡

勉栗捷卯錠　一句金卯胸也

絲帛（布帛）

賄，與人財

紡，布帛

紡，紡絲之縳，縳，素紗

賓裼迎大夫賄用束紡（賄予人財之言也紡紡絲爲之今之縳也所以遺聘君可以爲衣服相厚之至）疏賓裼至束紡○注賄予至至也○釋曰此則未知何用之財若是報享之物不應在禮玉之上今言此束紡者以其上圭璋是彼國之物下云禮玉束帛報聘君之享物彼君厚禮於此此亦當厚禮於彼故特加此束紡是以鄭云相厚之至也云賄予人財之言也者案下記云賄在聘于賄又云無行則重賄反幣鄭注周禮云布帛曰賄是賄爲財物是與人財物謂之賄也云紡紡絲爲之者因名此物爲紡云今之縳也者鄭注周禮內司服亦云素紗者今之白縳也則此束紡者素紗也故據

聘禮（儀禮廿三）

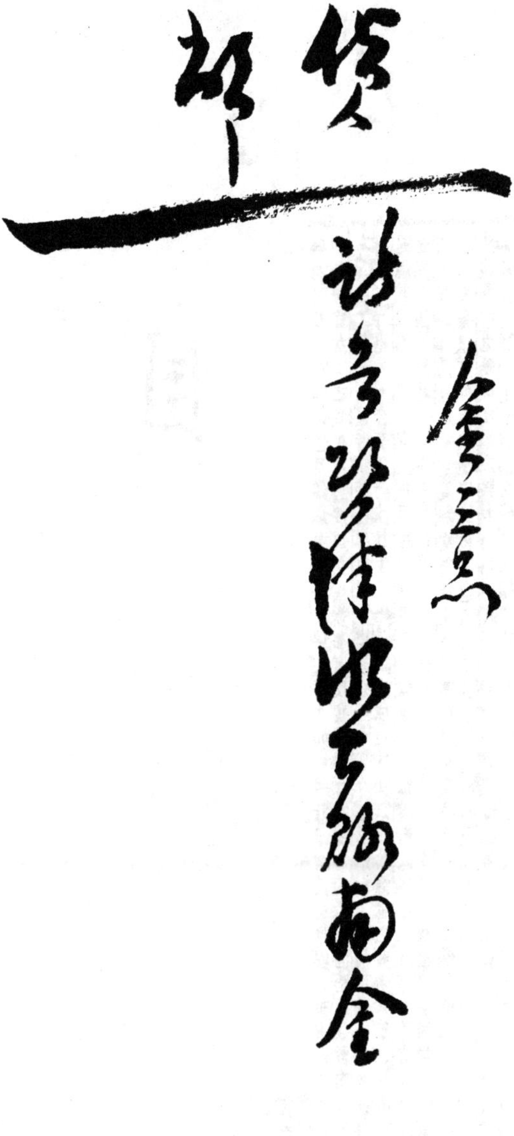

貝

萋兮斐兮成是貝錦 興也萋斐文章相錯也貝錦錦文也箋云錦文者文如餘泉餘蚳之貝文也興者喻讒人集作已過以成於罪猶女工之集采色以成錦文。萋七西反斐孚匪反本或作菲餘蚳直基反貝黃白文曰餘蚳 彼譖人者亦已大甚 箋云大甚者謂使已得重罪也。大音泰注同徐勑佐反 疏 萋兮至大甚。正義曰女工集彼衆采而織之使萋然兮斐然兮令文章相錯以成是貝文以爲其錦也以興讒人集已諸過而構之令過惡相積數成是罪狀以爲已罪也實無罪而讒之使得重刑故傷之云彼讒譖人者亦已復爲太甚言非徒讒譖小辜乃至極刑重罪是爲太甚。傳萋斐至錦文。正義曰論語云斐然成章是斐爲文章之貌萋與斐同類而云成錦故爲文章相錯也錦而連貝故知爲貝之文。箋錦文至貝文。正義曰解錦文稱貝者其文如餘泉餘蚳之貝文也釋魚説貝文狀云餘蚳黃白文餘泉。文舍人曰水中蟲也李巡曰餘蚳貝甲黃爲質白爲文彩餘泉貝甲以白爲質黃爲文彩陸機疏云貝水介蟲也龜鼈之屬其文彩之異大小之殊甚衆古者貨貝是也餘蚳黃爲質以白爲文餘泉白爲質黃爲文又有紫貝其白質如玉紫點爲文皆可列相當其貝大者當有至至一尺六七寸者今九眞交趾以爲杯盤寶物也

白金爲銀

修人

都上

陰刺黃金儥注黃金白金也正又釋爲玄白金語

之銀其美者謂之鐐其類白金不在黃金之下黃金白金

其黃金爲白金之名說銅亦白金以俟陸劉釋非說

黃爲白金金爲金銀銅鐵揔名金字說共章之

然或是白銅白鐵未必皆白銀也

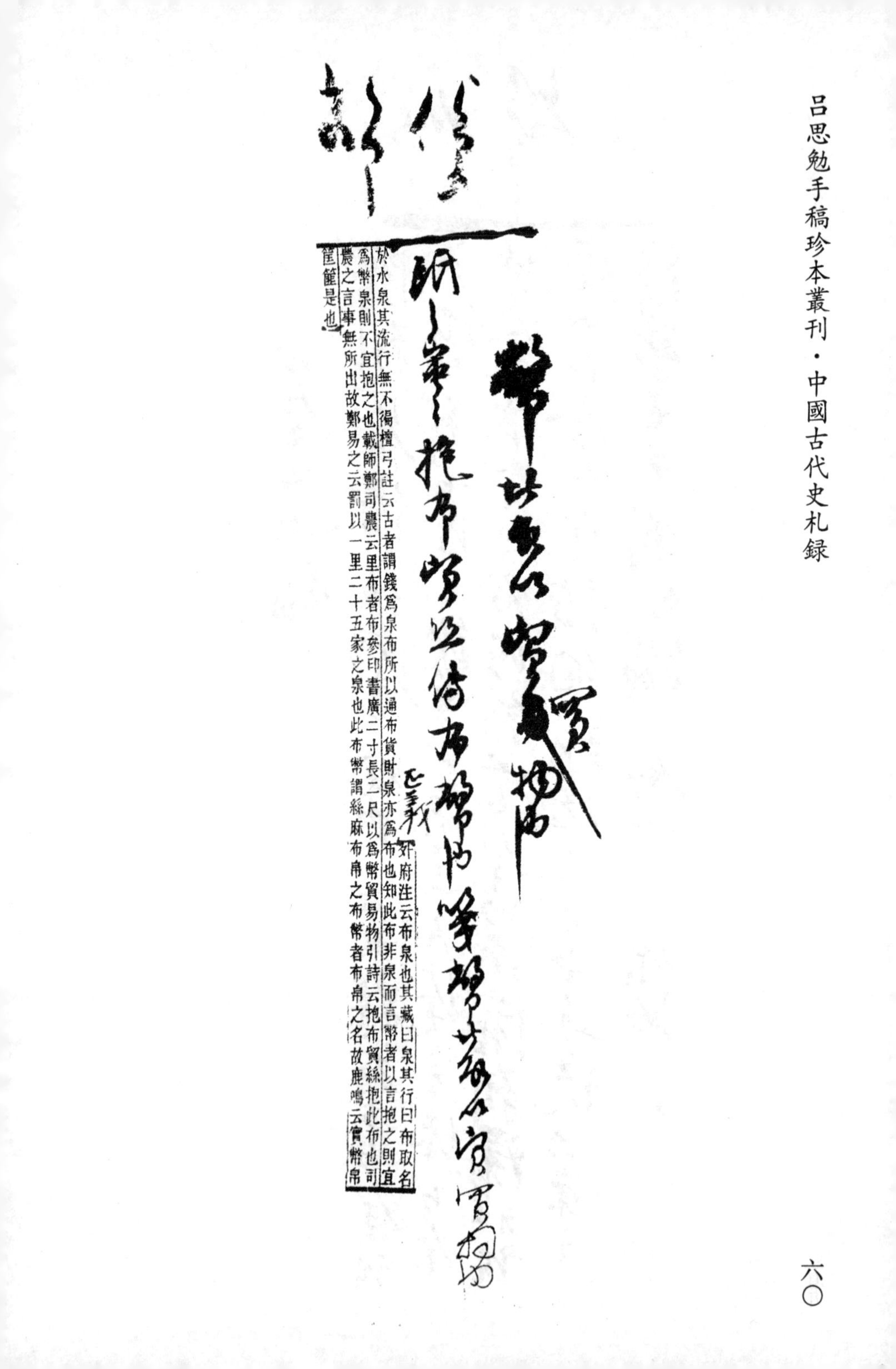

幣[illegible]貿物

所以[illegible]抱布貿絲[illegible]抱布[illegible]

[illegible]

正義

外府注云布泉也其藏曰泉其行曰布取名於水泉其流行無不徧檀弓註云古者謂錢爲泉布所以通布貨財泉亦爲布也知此布非泉而言幣者以言抱之則宜爲幣泉則不宜抱之也載師鄭司農云里布者布參印書廣二寸長二尺以爲幣貿易物引詩云抱布貿絲抱此布也司農之言事無所出故鄭易之云罰以一里二十五家之泉也此布幣謂絲麻布帛之布幣者布帛之名故鹿鳴云實幣帛筐篚是也

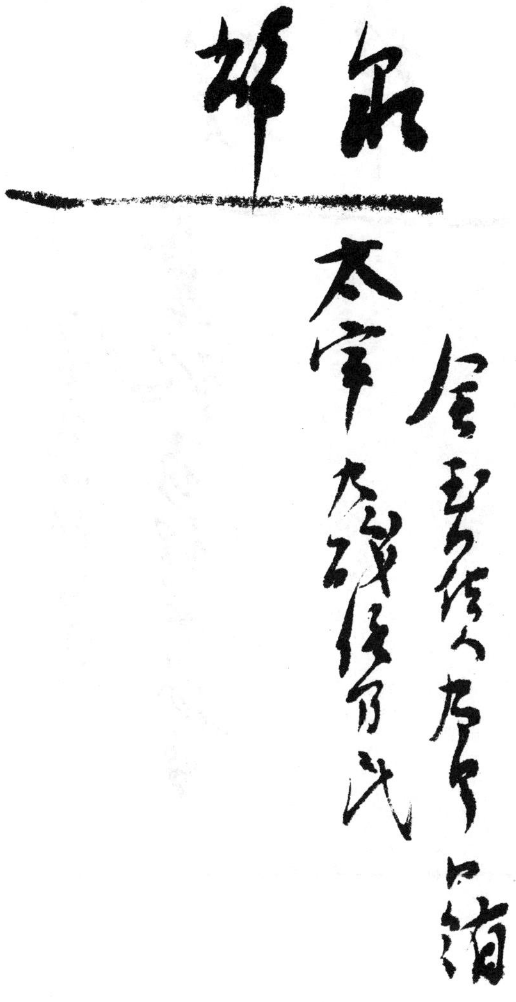

札録

史記研究大綱

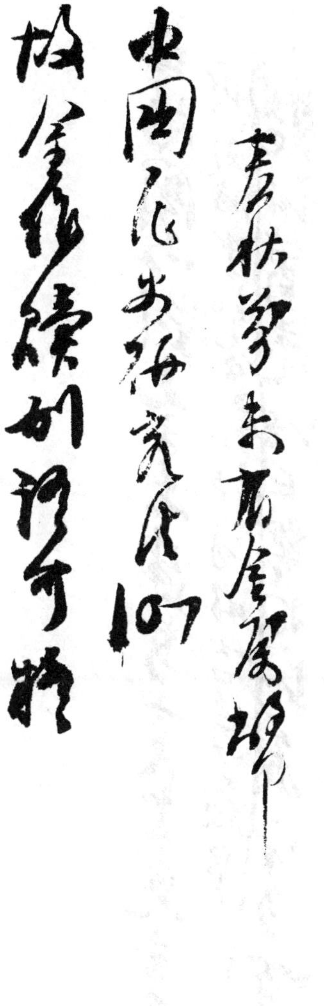

錢幣

華陽國志劉先主志建安十九年先主克蜀
取蜀城中民金銀頒賜將士還其穀帛
賜諸葛亮法正張飛關羽金各五百斤銀
千斤錢五千萬錦千匹其餘各有差

二六年計〇共庫六千五百元〇
康租崇明三一分共十五石不得且更民〈定の10下以什
且據付財及庫子等處告催書冊同附及冊等御
千餘萬〈五九千五百以什二引計〇則共庫直三千万元〇
信托即此附借國安陳當制為其收那程之藏
135 債本無存官本大明果見　子兵壽明　兵事已歷
六安兄

租之歲收三百萬(一〇八上)

186(宣帝紀)以趙衛瑨廣衛地望分頃並降西鄉侯

相叶什減三四錢子平當為五尺二十三年牧(卅十上)

百萬,乃命令倉二千萬上,詔小王出古與林之治同

趙充國呈留屯方千餘,度必當減,屯田之利稍

而充國謂(漢書枚乘紀)呈屯田方減,滅屯兵制帶集

183(王莽傳)時三年詔郡相歲募二千萬,屬任方二

金城國,戶口皆等租入歲八千萬(八十上)

182(食貨志)建初二年,以年事豐國

事

178(王莽傳)詔書發有司奉裴城以下令皆租歲(一百千萬)(一〇〇上)

[illegible]

[illegible]

右以上二種

以宅相粗紋及花錢以篆隸閒之藏三萬餘錢の

（馮鄧傳）自朔初至若王侯相謀爲不軌 鄧杜等定敬於…

嘉興閩爲錢糧…錢五十萬爲　賞功錢（通二種）

（徐俊傳）十萬銅錢萬閩錢中初中李通母嘉閩

（通上紐）

勒子中官主人方子等字　威錢之千萬足矣

謝閩等令千以謝子官糧錢經錢不已　…

（明偉是寬紀）十五年之方移…閩其年以…

壽建

千金川千万

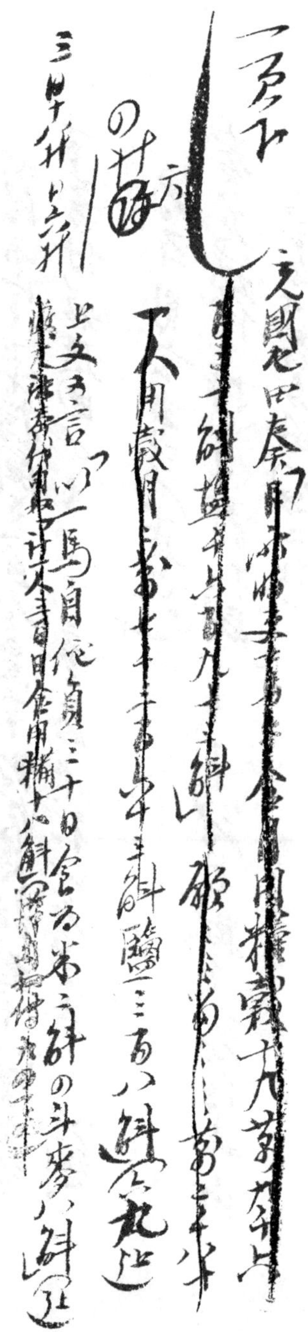

皆封建兄弟以第一區錢三百万（卷九十九上）

元鳳四年……詔（霍光林為拜孫家（紀）道為書孫侯侯

國之五臣[illegible]作者（卷九十九中止）

將帥常……賜[illegible]其令三等皆賜錢若干以上諸

王莽傳始建國四年……莽至明堂授諸侯茅土……國

力有目[illegible]事（卷七上）

蕭望之傳 擢為諫大夫……賜錢數千……給其[illegible]

宣帝以蕭望之為（卷二上）

拜為光祿大夫秩二千石 賜錢百万二千……

……疾病[illegible]

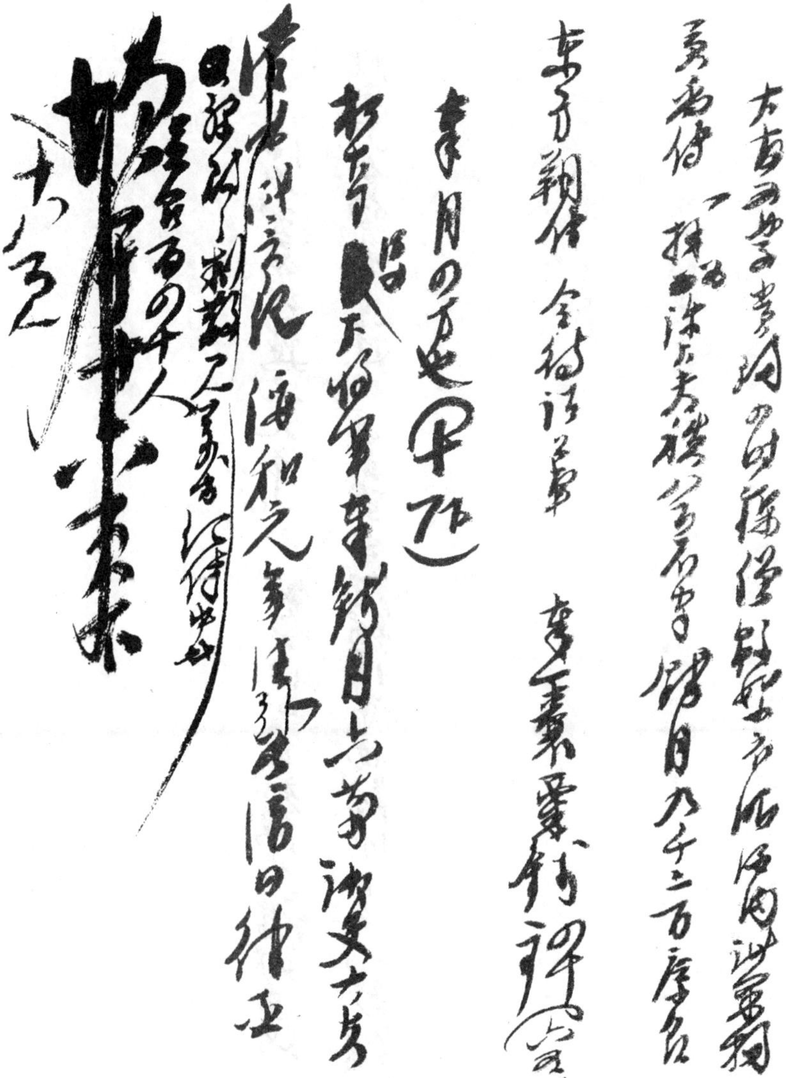

陳書武帝紀建元元年以[illegible]錢以當日新[illegible]錢鑄造[illegible]

五年罷二銖錢以半兩錢即當日之新鑄

鑄也見食貨志宜近

作也（以上）　元狩五年罷半兩錢行五銖錢（以上）　東方食貨志今所古錯半兩錢更鑄三銖錢（以上）其年並造皮幣白金，法而出皮幣白金紀在元狩四年，食貨志繫年固不古，係年代亦不得相差無幾

遠（以上）[redacted]鋊，其紀五銖錢事曰：有司言三銖錢輕，輕錢易作姦，乃更請郡國鑄五銖錢，周郭其質（史記作周郭其下），令不可得摩取鋊（以上）

果使三銖自建元五年已罷，是時安得復以三銖，然則元狩四年除當別有一錯半兩行三銖之事，而紀失記也[redacted]

元鼎二年

錄

段匹○通鑑開皇十五年雜畜爲段，彼物爲匹（考異）。又武德元年注：舊制凡賜十段，其率絹三匹，布三端，綿四屯；若雜彩十段，則絲布二匹，紬二匹，綾二匹，縵四匹（考異）。

開元錢之書其文迴環可讀○通鑑武德四年：隋末錢幣濫薄，至裁皮糊紙爲之，民間不勝其弊。至是，初行開元通寶錢，重二銖四絫，積十錢重一兩，輕重大小最爲折衷，遠近便之。命給事中歐陽詢撰其文并書，回環可讀。 注：按漢書律曆志，權輕重者不失黍絫。應劭曰：十黍爲絫，十絫爲銖。師古曰：絫音來戈翻。此字讀亦音壘。然則二銖四絫，二百四十黍也。絫當作累。

蓋誤也（錢九江）

開元錢背痕○又案[illegible]唐聖運圖云初進蠟樣文德皇后掐

一甲故錢上有甲痕云淩璠唐錄政要云竇皇后崩時竇皇后

已崩文德皇后未立今皆不取（錢九江）

分金銀之法　通鑑唐僖宗中和二年注（錢五江）

錢幣

晉書蘇峻傳。遂陷宮城。……时官有布二十萬匹。金銀五千斤。錢億萬。絹數萬匹。他物稱是。峻盡費之。(百卅上)

又劉曜載記。張茂遣使稱藩。獻……黃金三百八十斤。銀七百斤。……又沙汾寶物珍方域異貨不可勝紀。(百三外)

周郭。外圓周之以規。內方周之以矩。曰周郭。通鑑陳宣帝太建十三年注(殘卅)

孫權鑄大錢。一當百。食貨志。孫權嘉禾五年鑄大錢一當五百。赤烏元年又鑄當千錢。故呂蒙定荊州。孫權賜錢一億。

錢幣

晉書王導傳：子悅……先是導夢人以百萬錢買悅，潛為祈禱者備至。尋掘地，得錢百萬。意甚惡之。一皆藏閉。（亦可入[illegible]）

又魏詠之傳：生而兔缺。……聞荊州刺史殷仲堪帳下有名醫，能療之。貧無行裝。……齎數斛米西上，以投仲堪。（亦可入穀）

又張軌傳：……索輔言於軌曰：古以金貝皮幣為貨，息穀帛量度之耗。二漢制五銖錢，通易不滯。泰始中，河西荒廢，遂不用錢。裂匹以為段數。縑布既壞，市易又難。徒壞女工，不任衣用。弊之甚也。今中州雖亂，此方安全。宜復五銖，以濟通變之會。軌納之，立制準布用錢。錢遂大行，人賴其利。（亦可入[illegible]）

晉書桓玄傳：議復肉刑。斷錢貨。迴復改異。造革紛紜。志無一定。條制森然。動害政理。（九九上）

又石勒載記，鑄豐貨錢。（一〇四上）　王和掘得員石。銘曰。律權石。重四鈞。同律度量衡。有新氏造。議者未詳。或以爲瑞。參軍續咸曰。王莽時物也。其時兵亂之後。典度堙滅。遂下命權爲準程定式。又得一鼎。容四升。中有大錢三十。文曰百當千。千當萬。鼎銘十三字。篆書不可曉。藏之於永豐倉。因此令公私行錢。而人情不樂。乃出公絹市錢。限中絹匹一千二百。下絹八百。然百姓私賣中絹四千。下絹二千。巧利者賤買私錢。貴賣於官。坐死者十數人。而錢終不行。（一〇五上）

晉書石季龍載記下：季龍下書令刑贖之家，得以錢代財帛，無錢聽以穀

麥，皆隨時價輸水次倉。（一〇九六上）

宋書文帝紀：元嘉七年十月戊午，立錢署，鑄四銖錢。（五四上）南史二 9下

又：二十四年六月，是月，以貨貴，制大錢一當兩。（五九下）南史二 4下 二十五

年五月己卯，罷大錢當兩（宋書九上）

又孝武帝紀：孝建元年正月壬戌，更鑄四銖錢。（六七上）南史二 二七上 大明七

年，詔禁……斷……嶺……鑄錢……（宋書七二上）

又前廢帝紀：大明八年，去歲及是歲東諸郡大旱，甚者米一升數

百，京邑亦至百餘，餓死者十有六七。孝建以來，又立錢署鑄錢，百

姓因此盜鑄，錢轉偽小，商貨不行。（七〇下）南史三 二上

又：永光元年二月庚寅，鑄二銖錢。（七一上）開百姓鑄錢（九月）（七一下）

又明帝紀：泰始二年三月壬子，斷新錢，專用古錢。（三二上）

又：三年九月戊午，以皇后六宮以下雜衣千領、金釵千枚，班賜北征將士。（六二上）南史三 2上

宋書劉懷慎傳：弟懷默ゝゝ子道球ゝゝ弟孫登ゝゝ子亮。世祖大明中，為武康令。時境内多盜鑄錢，亮掩討無不禽，所殺以千數。何尚之傳上

又孔琳之傳：桓玄時，議欲廢錢用穀帛。琳之議曰：……聖王制無用之貨，以通有用之財，既無毀敗之費，又省運置之苦。……穀帛為寶，本充衣食，今分以為貨，則致損甚多。又勞毀於商販之手，耗棄於割截之用。……鍾繇曰：巧偽之民，競蘊濕穀以要利，制薄絹以充資。魏世制以嚴刑，弗能禁也。是以司馬芝以為用錢非徒豐國，亦所以省刑。錢之不用，由於兵亂積久，自至於廢，有由而然，漢末是也。今既用而廢之，則百姓頓亡其財。今括囊

天下穀以周天下之食。故倉庾充積。戎機麻升儲。以相資通。則
寶以御富。致之之道。實假於錢。……且據今用錢之處不為貧。
用穀之處不為富。又民習來久。革之必惑。……魏明帝時。錢廢
穀用。三（四）十年矣。以不便於民。乃舉朝大議。精力（才）達治（政）之士。莫不
以宜復用錢。民無異情。朝無異論。……若謂魏氏不用錢久。積
累巨萬。故欲行之。利公富國。斯殆不然。……宋五六（南史范陟）史臣曰
……雖懋遷之道通用濟乏。龜貝之益為功蓋輕……商子事
遠末業流而浸廣泉貨所通非復始造之意……之豐衍則同多
稔之資饑凶又減田家之蓄錢雖盈尺既不療於堯年貝或如
輪信無救於湯世……固宜一罷錢貨專用穀帛……夫千匹

以貨。事難於懷璧。當餌為市。未易於越鄉。邦可使來依自營。於富知反。而年無推讓。民無筆冒。尊庶盛於貿。而高摩未久。尊有識錢。而且曉學斛。若事路一就。廢而莫用。守可所寄。且分無待。輸錢於巨佛而非可變移。宜先削華止偽。還淳反古。……然後賑一世之民。反耕桑之路。使縑粟羨溢。同於水火。既而蕩滌圜法。銷鑄勿遺。……（四六，七上）

宋書范泰傳：時言事者多以錢貨減少。國用不足。欲悉市民銅。更造五銖錢。時高祖泰又諫曰：……銅之為器。在用也博矣。……今毀必資之器。而為無施之錢。於貨則功不補勞。在用則君民俱困。……（六十，二上）（南史卅三，十下）

宋書沈演之傳：元嘉二十年，上將伐林邑，朝臣不同，唯廣州刺史
陸徽與演之贊成上意。及平，林邑獲其珍寶金銀銅器等物，演之
所得偏多。此見三行　南史卅六
又何尚之傳：先是患貨重，鑄四銖錢，民人間頗盜鑄，多翦鑿古錢以
取銅，上患之。二十四年，錄尚書江夏王義恭建議，以一大錢
當兩，以防翦鑿，議者多同。尚之議曰：伏鑒明命，將改錢制，不勞
採鑄，其利自倍。……數少則幣輕，數多則物重，多少雖異，濟用
不殊。……若今制遂行，富人貲貨自倍，貧者彌增其困。……又
錢之形式，大小多品，直云大錢，則未知其格。若止於四銖五銖，
則文皆古篆，既非下走所識，加或漫滅，尤難分明，公私交亂，爭

移書起……吏部尚書庾炳之侍中太子左衛率蕭思話中護軍趙伯符御史中丞何承天太常郄敬叔並同尚之議中領軍沈演之以為……采鑄久廢兼喪亂累仍糜散湮滅何可勝計晉遷江南疆境未廓或土習其風錢不普用其數本少為患尚輕今王略開廣聲教遐暨金鏹所布爰逮荒服昔所不及悉已流行之矣用彌曠而貨愈狹加復競竊剪鑿銷毀滋繁刑禁雖重姦避方密遂使歲月增貴貧室日劘懋遷之用既艱勤不足以贍誠由貨貴物賤常調未革弗思釐改為弊轉深……若以大錢當兩則國傳難朽之寶家贏一倍之利不俟加憲巧源自絕施一令而眾美兼無興造之費莫盛於茲矣上從演之議

議以一錢當兩。行之經時。公私非便。乃罷。宋六六　南史卅二上

宋書顏竣傳：先是元嘉中鑄四銖錢。輪郭形制與五銖同。用費損無利。故百姓不盜鑄。及世祖即位。又鑄孝建四銖。三年。尚書右丞徐爰議曰。……年歷既遠。喪亂屢經。墮毀翦鑿。日月銷滅。貨薄民貧。公私俱困。不有革造。將至大乏。謂應式遵古典。收銅繕鑄。納贖刊刑。著在往策。今宜以銅贖刑。隨罰為品。詔可。鑄錢形式薄小。輪郭不成。於是民人盜鑄者雲起。雜以鉛錫。並不牢固。又翦鑿古錢。以取其銅。錢轉薄小。稍違官式。雖重制嚴刑。民人吏官長坐死免者相係。而盜鑄彌甚。百物踊貴。民人患苦之。乃立品格。薄小無輪郭者。悉加禁斷。始興郡公沈慶之議曰。昔秦

秦幣重。高祖是患。普令民鑄。改造榆莢。而貨輕物重。又復乘時。……而若工物細。民鑄遂小。惜財省費盈府。天下殷富。況今耕戰不用。采鑄久廢。鎔冶所資。多因成器。功艱利薄。絕吳鄧之資。農民不習。無釋耒之患。……宜聽民鑄錢。郡縣開置錢署。樂鑄之家。皆居署內。平其雜式。去其雜偽。官斂輪郭。藏之以為永寶。去春所禁新品。一時施用。今鑄悉依此格。萬稅三千。嚴檢盜鑄。并禁翦鑿。數年之間。公私豐贍。銅盡事息。姦偽自止。且禁鑄則銅轉成器。開鑄則器化為財。翦華利用。於事為益。上下其事以議。太宰江夏王義恭議曰。……百姓不樂與官相關。由來已久。……凡盜鑄為利。利在偽雜。偽雜既禁。樂入必寡。……

……官錢輪郭々々之價百倍。大小鑿易。詔皆罷之。擅制使換。則
狀似偏奪。又去春所禁新品。一時施用。是循此像。任所開許。……
……入蒙去蕃榆三千。私鑄無十三之從。遂利犯禁。居然不斷。……
……赤仄用銅。非可卒盡。比及銅盡。鑄備已積。……錢議已。……
采山事絕。器用日耗。銅既轉少。器亦彌貴。設器直一千。則鑄之
減半。為之無利。雖令不行。又云去春所禁。一時施用。……五銖
半兩之屬。不盈一年。必至於盡。財貨未贍。大錢已竭。數歲之間。
悉為塵土。……今官開取銅之署。絕器用之塗。定其品式。日月
漸鑄。歲久之後。不為世益耳。時議者又以銅轉難得。欲鑄二銖
錢。竣又議曰。……於官無解於乏。而人姦巧大興。天下之貨。將

顏竣傳……前廢帝即位。鑄二銖錢。形式轉細。官錢每出。民間即模效之。而大小厚薄皆不及也。無輪郭。不磨鑢。如今之翦鑿者。謂之耒子。景和元年。沈慶之啟通私鑄。由是錢貨亂敗。一千錢長不盈三寸。大小稱此。謂之鵝眼錢。劣於此者。謂之綖環錢。入水不沈。隨手破碎。市井不復料數。十萬錢不盈一掬。斗米一萬。商貨不行。太宗初。唯禁鵝眼綖環。其餘通用。復禁民鑄。官署亦廢工。尋復並斷。唯用古錢。七五上 南史卅四下

宋書沈慶之傳。慶之夢有人以兩匹絹與之。謂曰。此絹足度。謂人曰。老子今年不免。兩匹。八十尺也。足度。無盈餘矣。七七上 南史卅七下

又劉秀之傳。元嘉……二十五年。除……梁南秦二州刺史……

先是淳川黨以絹為貨幣之始，令用銅錢百檢[redacted]令嘗其利（公注）王 南史十五 45

宋書顏竣傳明年。（大明の年）竣仍為吳興太守。是郡民多翦錢及盜鑄。

免官（見上注）

又周朗傳世祖即位……時普責百官讜言。朗上書曰……農桑者，實民之命。為國之本。有一不足。則禮節不興。若重之。宜罷金錢。以穀帛為賞罰。然愚民不達其權。議者好增其異。凡自淮以北，萬匹為市。從江以南。千斛為貨。亦不患其難也。今且聽市至千錢以還用錢。餘皆用絹布及米。其不中度者坐之。如此則墾田自廣。民資必繁。盜鑄者罷。人死必息。（見上注）

又良吏傳徐豁元嘉初為始興太守。三年遣大使巡行四方，并使郡縣永言撫益。豁因此表陳三事……其二曰。郡領銀民三百餘户。鑿坑采砂。皆二三丈。功役既苦。不顧崩壓。一歲之中。每有死者。官司檢切。猶致逋違。老少相隨。永絕農業。千有餘口。皆資他食……尋臺郡開米。不要糧銀。謂宜准銀課米。即事為便。其三曰。中宿縣俚民課銀。一子丁輸南稱半兩。尋此縣自不出銀。又俚民皆巢居鳥語。不閑貨易之宜。每至買銀。為損已甚。又稱兩受入。易生姦巧。山俚愚怯。不辨自申。官所課甚輕。民以所輸甚劇。今若聽計丁課米。公私兼利。(見二孔上)

南齊書高帝紀。宋順帝昇明二年。大明以來。相承奢侈。百姓成俗。太祖輔政。罷御府。省二尚方諸飾玩。至是。又上表禁民間華但雜物。不得以金銀爲箔。馬乘具不得金銀度。……又諸雜漆物。不得以金銀爲花獸。不得摑鑄金銅爲像。皆須塗[illegible]。凡十七條。（一/什）

齊書高帝紀。以官器物欄檻以銅爲飾者。皆改用鐵。……華蓋除金花爪。用鐵迴釘。每曰。使我治天下十年。當使黃金與土同價。（二/4上）

又明帝紀建武三年。三月壬午。詔車府乘輿有金銀飾校者皆剔除。（六/3下）（南史五上）

又和帝紀中興。輦舟乘。悉剔取金銀。還主衣庫。（八/4下）（此[illegible]代之南史五上）

又東昏侯紀。潘氏服御。極選珍寶。主衣庫舊物。不復周用。貴市民前金銀貿易。僧皆封信。……京邑隱租。皆於僧稽查。以助寺塔。

樣不計其從。并見南史。

高書謂服其衰衣。陳世出陳蜀。襄邑所織。宋東。用綿及織成。建武中。明帝以織成重。乃采蓋為之。加飾金銀薄。世亦謂為天衣。

七劫

又祥瑞志。泰始中。世祖於青溪宅得錢一枚。文有北斗七星雙節。

又有人於堂側。及治魚池。又得一大錢。文曰太平百歲。

又永明七年。高興太守劉元寶治郡城。於壍中獲錢百萬。形極大以獻。甚為嵩。世祖班賜朝臣以下各有差。八年夏五月丙

又十年。宣城郡民王攝據地得錢一萬二千七百十枚。品

劉悛傳　甲下起

尋為豫章文獻王嶷諮議，為安遠護軍武陵內史。時沈攸之責賧。

伐荊州界內諸蠻。遂及。五溪禁斷魚鹽。羣蠻怒。酉溪蠻王田頭

擬殺攸之使。攸之責賧千萬。頭擬輸五百萬。發氣死。……毋庸

而王敬則付會土邊帶湖海。民丁無士庶。皆保塘役。敬則以功力

有餘。悉評斂為錢。送臺庫。以為便宜。上許之。竟陵王子良啟曰。

……須錢貴物賤。殆欲兼倍。（凡在觸類。莫不如茲。）……今機杼勤苦。匹裁三百。所以

然者。實亦有由。年常歲調。既有定期。僮卹所上。咸是見直。民間

錢多翦鑿。鮮復完者。公家所受。必須員大。以兩代一。困於所貿。

鞭捶質繫。益致無聊。……臣謂……凡應受錢。不限大小。仍令

在所抒市布帛。若民有雜物。是軍國所須者。聽隨價准直。不必一應送錢。於公不虧其用。在私實荷其渥。昔晉氏初遷。江左草創。絹布所直。十倍於今。賦調多少。因時增減。永初中。官布一匹。直錢一千。而民間所輸。聽為九百。漸及元嘉。物價轉賤。私貨則束直六千。官受則匹准五百。所以每欲優民。必為降落。今入官好布。匹堪百餘。其四民所送。猶依舊制。昔為損上。今為刻下。

……（卅六頁）

齊書崔祖思傳。建元之年。……上初即位。祖思啟陳政事曰。……

又曰。……劉備取帳鉤銅鑄錢。以充國用。……（卅八頁）

又蘇侃傳。宋末桂陽之難。以侃為平西錄事。領軍主。從頓新

亭。使分金銀。與陽詡將。上謂曰（卅八上十行下　同七下）
書劉悛傳。宋代太祖輔政。有意欲鑄錢。以禪讓之際。未及施行。
建元四年。奉朝請孔顗上鑄錢均貨議。辭證甚博。其略以為……
……三吳國之關閫。比歲被水潦而糴不貴。是天下錢少。非穀穰
賤。此不可不察也。鑄錢之弊。在輕重屢變。重錢患難用。而難用
[redacted]為累輕。輕錢弊盜鑄。而盜鑄為禍深。民人所盜鑄。嚴法不
禁者。由上鑄錢惜銅愛工也。惜銅愛工者。謂錢無用之器。以通
交易。務欲令輕而數多。使省工而易成。不詳慮其為患也。自漢
鑄五銖錢。至宋文帝。歷五百餘年。制度世有廢興。而不變五銖
錢者。明其輕重可法。得貨之宜。以為宜開置泉府。方牧貢金。大

興館鑄錢。重五銖。一依漢志。府庫已實。國用有儲。乃量俸祿。薄賦稅。則家給民足。頃盜鑄新錢者。皆效作翦鑿。不鑄大錢也。摩澤淄染。始皆類故。交易之後。渝變還新。良民弗皆淄染。不復行矣。所鬻賣者。皆徒失其物。盜鑄者復賤買新錢。淄染更用。反覆生詐。循環起姦。此明主尤所宜禁而不可長也。若官鑄已布於民。使嚴斷翦鑿。小輕破缺無周郭者。悉不得行。官錢細小者。稱合銖兩。銷以為大。利貧良之民。塞姦巧之路。錢貨既均。遠近若一。百姓樂業。市道無爭。衣食滋殖矣。時議者多以錢貨轉少。宜更廣鑄。重其銖兩。以防民姦。太祖使諸州郡大市銅炭。會晏駕。事寢。永明八年。悛啟世祖曰。南廣郡界蒙山下。有城名蒙城。可

二陌地。有燒鑪四所。高一丈。廣一丈五尺。從蒙城渡水南百許
步。平地掘土深二尺。得銅。又有古掘銅坑。深二丈。并居宅處猶
存。鄧通南安人。漢文帝賜嚴道銅山鑄錢。今蒙山近青衣水
南。青衣在側。並是故秦之嚴道地。青衣縣又改名漢嘉。且蒙山去南安
二百里。案此必是通所鑄。近喚蒙山獠出。云甚可經略。此議若
立。潤利無極。并獻蒙山銅一片。又銅石一片。平州鐵刀一口。上
從之。遣使入蜀鑄錢。得千餘萬。功費多。乃止。悛仍代始興王鑑
為……益州刺史。……在蜀作金浴盆。餘金物稱是。罷任。以本
號還都欲獻之。而世祖晏駕。（卅七卷）……
寸由富貴付出。宗慕儉約。以鑄壞大官上壽銀酒鎗。……收預

通　左　文帝　此蒙山去　鑄　武帝　高　元日　南史　卅九下　明帝無存

出塞。銀器賜席……。（四卌八上）南史四十七

又長沙寺僧業富，沃鑄黃金為龍，數千兩，埋土中，歷相傳付，稱為下方黃鐵，莫有見者。乃（穎胄因）取此龍，以充軍實。（四卌八上）南史四十一

高帝為十七年，竟陵王子良又啟曰：……又泉鑄歲遠，類多翦鑿。江東大錢，十不一在。公家所受，必須輪郭，遂買本一千，加子七百，猶求請無地，棰革相繼。尋完者為用，既不兼兩，回復遷貿，會非委積，徒令小民，每嬰困苦。且錢帛相半，為制永久。（四十九上）南史

又廬陵王子卿在鎮，營造服飾，多違制度，上敕之曰：[redacted]……純銀乘具，乃復可爾，何以作鐙亦是銀，可即壞之。（未作銀鐙，聞亦作金鐙）忽用金薄裹箭腳，何意。亦速壞去。（四十九上）南史四十四

梁書武帝紀普通四年十二月。戊午。始鑄鐵錢。(三 24上) 南史七 1下

(用給事中王子雲議)

又中大同元年七月丙寅。詔曰。……頃聞外間多用九陌錢。陌減則物貴。陌足則物賤。……自今可通用足陌錢。令書行後。百日為期。若猶有犯。男子謫運。女子質作。並同三年。(三 4下) 南史七 6上

又敬帝紀太平元年三月壬午。班下遠近。並雜用古今錢。(六 2上) 南史八 8下

又二年四月己卯。鑄四柱錢。一准二十。……壬辰。改四柱錢一准十。丙申。復閉細錢。(六 3上) 南史八 9上

又蕭昱傳 高祖從 景弟 普通五年。坐於宅內鑄錢。為有司所奏。下廷尉。得免死。徙臨海郡。(廿四 3下)

梁書羊侃傳：賊攻東掖門……侃親自距抗……有詔送金五千
兩、銀萬兩、絹萬匹，以賜戰士。侃辭不受。（四九下　南史六三下）
又侃性豪侈……大同中，魏使陽斐，與侃在北嘗同學，有詔令侃
延斐同宴。賓客三百餘人，器皆金玉雜寶。（四九下　南史六三　六五）

又止足傳：陶季直，祖愍祖，宋廣州刺史……季直早慧，愍祖甚愛
異之。愍祖嘗以四函銀列置於前，令諸孫各取，季直時年四歲，
獨不取。……（五二下　南史七四下）

又諸夷傳：林邑國（其國有金山，石皆赤色，其中生金。金夜則出飛，狀如螢火。）王事尼乾道，鑄金銀人像，大十圍。元嘉……二
十三年。……伐之。……陽邁聞之，懼，欲輸金一萬斤，銀十萬斤……銅三十萬斤
……乃遣大帥范扶龍戍其北界區粟城。景憲（司馬蕭景憲為前鋒）攻城剋之

……獲金銀雜物，不可勝計。乘勝追進，即剋林邑。……獲其珍異，皆是未名之寶。又銷其金人，得黃金數十萬斤。（夷貊上）南史七八之上

永明二年，林邑王范當根純遣長史范花斯奉表獻金簟等物。（夷貊上）

果出諸異物，扶南國出金銀……（夷貊上）南史七八之上

又又有毗騫國……有山出金，金露生石上，無所限也。……常遣扶南王純金五十人食器，形如圓盤，又如瓦塸，名為多羅，受五升。又如椀者，受一升。（夷貊上）南史七八之上

又扶南有訟者，先齋三日。乃燒斧極赤，令訟者捧行七步。又以金環、雞卵投沸湯中，令探取之。若無實者，手即焦爛，有理者則不。（夷貊上）南史七八

又丹丹國大同元年，復遣使金銀……等物。（夷貊上）（南史七八之上）

梁書諸夷傳：干陁利國……其世。王釋婆羅那憐陁遣長史竺留陁獻金銀寶器。止（金の飾）

天監……十七年。遣長史毗員跋摩奉表曰。……十年奉獻金芙蓉雜香藥等。止（又南史七八上）

梁書諸夷傳：狼牙脩國……以金繩爲絡帶。金鐶貫耳。止（金の飾）（南史七八下）

又婆利國王……頭著金冠。高尺餘。形如弁。綴以七寶之飾。帶金裝劍。偏坐金高坐。以銀蹬支足。侍女皆爲金花雜寶之飾。止（金の飾）（南史七八下）

又高句驪：（其公會，衣服皆錦繡，金銀以自飾。）……厚葬，金銀財幣，盡於送死。止（金の飾）（南史七九上）

又滑國：人皆善射。著小袖長身袍。用金玉爲帶。女人被裘。頭上刻木爲角。長六尺。以金銀飾之。……其王坐金牀。止（金の飾）（南史七九下）

又龜茲：呂光入其城。城有三重。外城與長安城等。室屋壯麗。飾以

琅玕寶玉。（五の14上）

又：「畢國詔東使至冠寶幘，如今婦人帽」（五の14上）

又：「渴盤陁國出好氈、金、玉」（五の14下）

又：「波斯國市買用金銀。婚姻法：下聘訖，女婿將數十人迎婦。婿著金線錦袍、師子錦袴，戴天冠。婦亦如之。」（五の14下）

又：「南〻國太和七年。又獻馬一匹、金一斤。」（五の15下）

隋：「高祖紀」：「徵發の金，送於陽城，隣陽傳附好道。……重價購納之……高祖帝……乃賞其袍數十領及錦綵金銀，以為賞賜之勲。九月。至宮，高祖帝召徐度傳與考周之[redacted]音，詔之，仿齎列將士，分賚寶帛。以陸僕陳進」（一の止）（南史）

陳書世祖紀天嘉元年。八月戊子。詔……黎民未富。靡麗已甚。……

……車馬飾翫之類……雕鏤淫飾。非兵器及國容所須。金

銀珠玉。衣服雜玩。悉皆禁斷。（三卅上）南史九外

又三年閏二月甲子。改鑄五銖錢。（三5上）

又宣帝紀太建十一年秋七月。辛卯。初用大貨六銖錢。（五8上）南史十上

又十四年。遺詔金銀之飾。不須入壙。（六10上）南史十外

又後主紀太建十四年四月。庚子。詔曰……應鑄金銀薄……詳

為僞制並皆禁絶。……（六21上）

又後主張貴妃傳。至德二年。乃於光照殿前起臨春結綺望

仙三閣。……高數丈。並數十間。其窗牖壁帶懸楣欄檻之類。並以

沈檀香木各々。又銷以爲玉。百以錢緊加施珠簾。內有寶帳鏤
帳。……」（七卷）

陳書周文育傳「……文育……與蕭勱俱下。至大庾，詣卜，卜者
曰……暴得銀至二千兩。……其夕宿逆旅，有賈人求
與文育博，文育勝之，得銀二千兩。」（八卷）案此亦錢兩用金銀
之一驗。

又歐陽頠傳「初交州刺史袁曇緩密以金五百兩寄頠，令以百兩
還合浦太守龔翽，四百兩付兒智矩，餘人弗之知也。頠尋爲蕭勃
所破，貲財並盡，唯所寄金獨在。曇緩亦尋卒，至是頠並依信
還之，時人莫不嘆服。其重然諾如此。」（九卷）

陳書沈炯傳：出爲吳令。侯景之難，吳郡太守袁君正入援京師，以炯監郡。京城陷，景將宋子仙據吳興……微其才……逼令掌書記。及子仙爲王僧辯所敗，僧辯素聞其名，於軍中購得之，酬所獲者錢十萬。（十九上）

又華皎傳：[illegible]吳明徹等討之，募軍中小艦，多賞金銀，令之出當賊大艦，受其拍。（廿下）

又始興王叔陵傳：二子高宗不豫[illegible]府時，呼其甲士，散金銀以賞賜。（卅六上）

南史宋武帝紀：義熙十三年九月，帝至長安……其珍寶珠玉，悉以班賜將帥。（一上）

又永初二年正月丙寅，斷金銀塗。（一上）

南史齊郁林王紀：極意賞賜左右，動至百數十萬。每見錢，曰：我昔思汝一個不得，今日得用汝未？武帝聚錢上庫五億萬，齊庫亦出三億萬，金銀布帛不可稱計。皆銅即位未期歲，所用已過半。與諺不異逕庭。見上

南史齊東昏侯紀永元元年十一月……庚寅，尚書令徐孝嗣議：王侯貴人，婚禮僭奢，乃真銀為器，甚於近俗。又寶帳傍繞，亦應盡削。今除金銀連鐺，自餘雜器，並用埏陶，寶帳華侈，亦宜停之。奏可。

見下

又……大起諸殿，芳樂、芳德、仙華、大興、含德、清曜、安壽等殿。又別為潘妃起神仙、永壽、玉壽三殿，皆帀飾以金璧。其玉壽中作飛

仙帳。四面繡綺。窗間畫神仙。又作七賢。皆以美女侍側。鑿金銀

為書字。……（宋九上）

又明帝時多聚金寶。於是金以為泥。不足周用。令富室買金。不問

多少。限以賦償。乃不還直。（同上）

又齊衍杏園說之……金銀閣金鑲雜[illegible]但[illegible]錦雜物傳[illegible]帶（同上）

又[illegible]御刀主[illegible]杖後閣[illegible]撤房[illegible]

又和帝紀。東昏又與[illegible]山別立帽。騫其口而舒兩翅。名曰鳳度三

橋。褶向後。領而結之。名曰反縛黃鸝。東昏與刀敕之徒。親自著

之。嘗用金薄繫以璧璫。又作著調帽。鏤以金玉。眉以孔翠。（同上）

又梁敬帝紀論曰。……初武帝末年。都下用錢。每百皆除其九。謂

之九佰。貴而有[illegible]之氣。及江陵將覆。每百復除六文。稱為六

佰……（只此）

南史宋宗室諸王傳江夏文獻王義恭「又與驃騎大將軍竟陵王誕奏陳損益之格九條。詔下禮議。於是有司奏九條之格。猶有未盡。更加附益。凡二十四條。大抵……諸鎮常行。車前不得過六隊。刀不得過銀銅飾。……（十三止）

又徐羨之傳「附孫佩之。侍妾數十。皆佩金翠。曳羅綺。服玩悉以金銀。（十五止）

又王鎮惡傳「時有白帝。言鎮惡藏姚泓偽輦。有異志。帝使覘之。知鎮惡剔取飾輦金銀。棄輦於垣側。帝心乃安。（十六止）

又王曇首傳「閨門内雍雍之美也。手不執金玉。婦女亦不得以為飾」

跋（卅二止）

南史褚彥回傳：彥回善彈琵琶。齊武帝在東宮宴集，賜以金鏤柄銀柱琵琶。（卅八止）

又蔡撙傳：初，撙在臨海，百姓楊元孫，以婢采蘭，貼與同里黃權，約生子酬乳哺直。權死，元孫就權妻吳贖婢母子五人。吳背約不還。之撙撙。撙判還本主。吳能爲巫。出入撙內。以金釧賂撙妾。遂改判與吳。……（卅九止）

又江祿傳：……爲武寧郡。頗有資產。積錢於壁。壁爲之倒。銅錢皆鳴。人戲之曰。所謂銅山西傾。洛鐘東應者也。（卅六止）

又劉悛傳：武帝嘗至悛宅。晝卧覺。悛自捧金澡罐受四升水以

沃鹽。因以與帝。帝以所納樽出。（卅九之上）

南史劉秀之傳：遷益州刺史。……梁益豐富。前後刺史。莫不大營聚畜。多者致萬金。所攜賓僚。並都下貧子。出為郡縣。皆以苟得為務。秀之為政整肅。遠近悅焉。（十五之上）

又吳喜傳：乃賜死。上（宋明帝）嘗召入內殿。與言謔。酬接甚款。賜以名饌。並金銀御器。（四十六上）

又齊高帝諸子傳：始興簡王鑑……永明二年。帝不欲用諸將為益州。始以鑑為益州刺史。……於州園地得古冢。無復棺。但有石槨。銅器十餘種。並古形。玉璧三枚。珍寶甚多。不可皆識。金銀為蠶蛇形者數斗。又以朱沙為阜。水銀為池。（四三之上）

南史齊高帝諸子傳：宜都王鏗，永明十一年，爲南豫州刺史。……州鎮姑孰。于時人發桓溫女冢，得金巾箱，織金篋爲嚴器。又有金蠶銀繭等物甚多。（同上）

[redacted]

南史曹武傳：晚節在雍州，致見錢七千萬，皆厚輪大郭。（武撫其士，頗有知人之鑒。與崔慧景一在襄陽，於時崔方貴盛。武性儉嗇無所餉遺。獨饋梁武帝舊。仰必大貴。錢帛不及已。令以綿子相託，無所送餉物。每好馬。時帝在戎，多之。就其換借。未嘗不得。還至十七萬。（同上）

又周盤龍傳：建元之年，稍以事寄。以盤龍爲軍主。假節。助豫州刺史煌臺祖推叙。大破江上閭之嘉。帝下詔稱善。并金釵以二十枚與之。常喜杜氏手刻皂。嫡圍爲阿杜。（同上卷）子華叔……之陵隸朝士。敕司空王敬則換米二百斛。敬則以百斛與之。不受。敬則大懼。乃更餉二百斛。并金鋌等物。（同上五上）

南史劉之遴傳：之遴好古愛奇。在荊州聚古器數十百種。有一器似甌。可容一斛。上有金錯字。時人無能知者。又獻古器四種於東宮。其第一種鏤銅鴟夷榼二枚。兩耳有銀鏤。銘云建平二年造。其第二種金銀錯鏤古鐏二枚。有篆銘云秦容成侯適楚之歲造。……（同上十九上）[illegible]

又梁宗室傳：初鄱元超之在富池。極聚斂。財貨山積。金寶珍帛

爲一室。居曰內藏。綺縠錦罽爲一室。號曰外府藏。以外府饋將帥。內藏自王府。不知稱南齊。（同一十頁）薛戲子

又臨川靜惠王宏子正則又盜鑄錢（同上一頁）

又南平元襄王偉初武帝軍東下。用度不足。偉取襄陽寺銅佛毀以爲錢。百姓藏鏹。多加毒害。以是遂無療。（同上二頁）

又梁武帝諸子傳廬陵威王續。續自江州復爲荆州。……臨終有啟。遣中錄事參軍謝宣融送所上金銀器千餘件。武帝始知其富。（同三頁）

又武陵王紀[redacted]既東下。黃金一斤爲餅。百餅爲篋。至有百篋。銀五倍之。其他錦罽繒采稱是。每戰則懸金帛以示將士。終不

黄鶴。鄂州刺史陳知祖請散金銀募勇士。不聽。慟哭而去。自是人有離心。莫肯為用。（宋三八下）

南史曹景宗傳：高承元初住竟陵郡。其弟九曹景宗年少。未有位官。居在雍州。既方伯之弟。又是襄陽之閥。市里富人姓向。以見錢百萬。羽曹景宗以諸逼之。……景宗貪鄙遂成。……（宋五五下）

又魚弘傳：侍妾百餘人。不勝金翠。服玩車馬。皆窮一時之驚絕。有眠床一張。皆是蹙柏。四面周匝。無一有異。通用銀鏤金花壽福兩重為腳。（宋五五下）

又陳宗室諸王傳：始興王叔陵（宣帝二子）將作乘付藏金銀以賞賜。（略）

（五六上）

南史侯瑱傳：瑱攻孝頃，（留豫章太守）瑱鎮豫章者陷，令從弟奫知後事……奫與其部下侯方兒不協。方兒攻下奫，虜瑱軍府妓妾金玉，歸於高帝。（六六上）

南史魯廣達傳：韓擒虎濟江，廣達長子世真在新蔡，乃與其弟世雄及所部奔擒虎。擒虎遣使致書招廣達。廣達時屯兵京下，乃自劾廷尉請罪。……加賜黃金，即日還營。（七8上）

又蕭摩訶傳：白土岡之戰，隋兵得人頭，皆走獻隋主，求賞金銀。（七9上）

又任忠傳：白土岡陳敗，忠馳入臺見陳主。……陳主與之金兩縢，當往南岸收募人，猶可一戰。（七10上）

南史杜慧度（循吏傳）傳：宋武帝時……者矣。南討林邑。……乞降。輸生口、大象、金銀、古貝等。乃釋之。（七十 4上）

又甄法崇（循吏傳）傳：孫彬，嘗以一束苧就州長沙寺庫質錢。後贖苧還。於苧束中得五兩金。以手巾裹之。彬得。送還寺庫。道人驚云：近有人以此金質錢。時有事不得舉而失。檀越乃能見還。輒以金半仰酬。往復十餘。彬堅然不受。（七十 5上）

南史循吏傳：何遠車服尤敝。素器物無銅漆。（七十 5上）

南史隱逸傳：陶潛延之……顏延之臨去。留二萬錢與潛。潛悉送酒家。稍就取酒。（七五 2上）

又阮孝緒（又隱逸）傳：……孝緒七歲出繼從伯胤之。胤之母周氏卒。

遺財百餘萬。租調書繳，……一無所納。居以得亂之物稍至最多之者。閱世風藉甚之。亂人憐其付季峯者。擁籍至峯金獸芋物與之。書籍見而驚懼。啟齊之為遠西庭。(七六上)

南史夷貊傳：文單國，國王所居，飾以金銀珍瑰。……市用[illegible]錢。(七)

九錫追

扶桑國，其地無鐵，有銅。不貴金銀。(四〇)

又賊臣侯景傳：初援兵至北岸，衆號百萬。百姓扶老攜幼，以候王師。纔過淮，便競剽掠，徵責金銀。(八十下)時江南大饑，江揚彌甚。……不出戶牖者，莫不衣羅綺，懷金玉，交相枕藉，待命聽終。(八上)

南史宋孝武帝紀：孝建三年，夏四月甲子，初禁人車及酒肆器用金銀。(二上)

南史信陽侯傳虔素都爲苟。……時有旨進求取，詭稱已坊。乃有

者宣示之曰。此定之私。鑿錢萬貫。……之前庫無廣。當錢發之。由

銀雜淆。費札不賞。穆以爲常。付於錢箱。（卷二下）

又劉穆之傳……其事見前。……令付人以金樣鋌横擲一斛以

進之（卷十五上）

又梁書帝紀中付廬陵王續，頗有貪財。積金收斂，倉儲庫藏盈

溢。臨終，有疏。遣中錄事參軍謝宣融送所上金銀器千餘件。宣

三上

又蕭惠開傳前遂有人植向以人錢百萬贈取其妹（卷五十九）

梁書南平王偉傳（?）桂陽王休範傳休範以其叔父業杜上墓（?）墓杜諶宅中書

食人。孫于齡開閤□城門出降。官省恇擾。無復固志。時庫藏空竭已盡。寶太后大妃劉取宮內金銀器物以充用。（又九上）

陳書侯瑱傳。初余孝頃爲豫章太守。及瑱鎮豫章。乃於新吳縣別立城柵。與瑱相抵。瑱留軍人妻子於豫章。令從弟奫知後事。悉衆以攻孝頃。自夏及冬。弗能克。乃長圍守之。盡收其禾稼。奫與其部下侯方兒不協。方兒怒。率所部攻奫。虜掠瑱軍府妓妾金玉。歸於高祖。（九下）

錢幣

魏書肅宗紀熙平二年正月庚寅。詔[redacted]遣大使巡川の方……綃布
錢絹。布縑合式。……（九頁）
又孝昌三年正月甲申。詔以歲饑。年錢之劑（九上）
任城王澄傳。靈太后銳於繕興……百姓疲於土木之功。金銀
之價為之踊上（十九中下）
又文成五王傳。河間王若。年十六。未封而薨。……以齊郡王簡
子琛繼。[illegible]……貪婪。賦金貨盈積。又每方自達。乃與劉騰為
養息。賂騰金寶巨萬計。……（卅下）
又崔亮傳。從弟和。平昌太守。家巨富。而性吝嗇。埋錢數百斛。其母

至春民饉。恃貸不償。子執……遂錄萬業。稍稍已定。(四〇11下)
懿，字幸紹，先傳子鳳遷，遷子穆，初隨父在下邳，與彭城陳敘之
友善。敘之父更難，少為沙門，從師遠學，積久不反。敘之父病臨卒。
以雜綾二十匹託穆與敘之。穆久訪不得。積二十餘年，始於汝
陽見敘之。以物還之。書題為政。世稱其廉信。時以同太守。值
水潦民飢。上表請輕租賦。帝從之。尋勅汝陽一郡。租以小絹為
調。(四〇五9下)長子子敷……天平中……長白山連接三齊瑕丘
數州之界。多有盜賊。子敷奏使檢覆。因辨山谷要害。宜立鎮戍
之所。又請移豪右。在山鼓鑄。姦黨多依之。又得密造兵仗。亦請
破罷諸冶。朝廷善而從之。(四〇五9下)

魏書慕容白曜傳：克東陽，擒沈文秀。凡獲……銅五千斤，錢十五
萬。（五十）
魏書趙柔傳：柔嘗在路，得人所遺金珠一貫，價直數百縑。柔呼主
還之。後有人與柔鏵數百枚，柔與子善明鬻之於市。有從柔
買，索絹二十匹。有商人知其賤，與柔三十匹。善明欲取之。柔曰：
與人交易，一言便定，豈可以利動心也。遂與之。……（五二　81上）
魏書楊播傳子侃：時所用錢，人多私鑄，稍就薄小，乃至風飄水浮。
米斗幾直一千。侃奏曰：昔馬援至隴西，嘗上書求復五銖錢，事
下三府，不許。及援徵入為虎賁中郎，親對光武申釋其趣，事始
施行。臣頃在雍州，亦表陳其事。聽人與官並鑄五銖錢，使人樂

焉。而條斷舊路。官下當之。八座不許。以今况者。卯理不據。求取
臣等表。請御揚析。保乃隨事[redacted]剖判。其故依之。乃鑄五銖錢。如
保所表。（食貨八 32）　其私鑄者非五銖也
又擒不櫓馳驛詣奏。齎絹三萬匹。募召恒朔流民。揮之塞土。不
（三）（食貨八 49）
又榜不驗：不盡：不律：：：隙：：：嶠郡刺史：：：有功民。
齎絹三匹。去城十里。為賊所劫。時有使者馳驛而至。被劫人因
以告之。使者到郡。以狀白譚。乃下教云。有人著某色衣。乘某
色馬。在城東十里被劫。不知姓名。若有家人。可速收視。有一老
母行出而哭。云是己子。於是遣騎追收。并絹俱獲。：：　張昌

未幾日……兼汾州刺史……先是，受調絹匹，度尺特長，在事因緣，共相進退，百姓苦之。乃全依公尺度，其輸物尤好者，賜以杯酒而出；所輸少劣，亦無責之，但書懸以示其恥。於是人競相勸，官調更勝舊日。（魏八八）

魏書邢巒傳：世宗初，巒奏曰：……先皇……以紙絹爲帳扆，銅鐵爲轡勒。……輕賤珠璣，而其無設。府藏之金，裁給而已；更不買積，以費國資。逮景明之初，……蕃貢繼路，商賈交入，諸所獻貿，倍多於常。雖加以節約，猶歲損萬計。珍貨常有餘，國用恒不足。若不裁其分限，便恐無以支歲。自今非爲要須者，請皆不受。世宗從之。（魏六五）

魏書崔休傳：長子㥄，㥄弟仲文，仲文弟叔仁，叔仁弟叔義，孝莊時。爲尚書庫部郎。坐兄㥄鑄錢事發。合家逃竄。叔義見執，禁。時城陽王徽爲司州牧，臨淮王彧以非其罪，屢爲致言。徽不從。乃殺之。（六九上）

魏書盧同傳：熙平初。轉左丞。尚書……時相州刺史奚康生。徵民歲調，皆七八十尺。以邀奉公之譽。部內患之。同於歲祿官給長絹。同乃舉按康生。度外徵調。書奏。詔科康生之罪。兼褒同在公之績。（七六上）

魏書高崇傳：子謙之，孝昌初。行河陰縣令。先是有人囊盛瓦礫，指作錢物。詐市人馬。因逃去。詔令追捕，必以得聞。謙之乃僞枷一四。立種馬市。舊言其事作市買賊。今將列之。其置邊臨以齊市中私議者。有二人相見所出日。爭復處矣。抵遂搜問。身伏強馬。後羣臺隻。并出事與盧竊之處。資貨若多。遣其失物之家。及索得其本物。具以狀奏。（七七　93）

移時輕議鑄錢。以攘之。而鑄錢輕將本曳。乃上新求鑄三銖錢。曰……錢之輕重。無代不同。……大凡西京之盛。錢輕重處此。並則小大。子母相權。況今寇難未除。郡郡濫鑄。民物凋零。軍國用少。別鑄小錢。可以富益。何煩輕改。何救於人也。……昔禹遭大水。以歷山之金鑄幣。救民之困。湯遭大旱。以莊山之金鑄錢。贖民之賣子者。今百姓窮瘁。甚於曩日。鑄錢之事。宜得與拱而觀之列。臣今此鑄。以濟家之五銖之

錢。任使兼用。……既以多錢。材下多印琢鐵。為錢易久。即乞極
川。隨所從之。書未錄。會要。（七七卷）
又謂之兩京之。字遂穆。行字於世。於時周錢稍薄。遂穆表白。の民
之業。錢貨為本。救弊改鑄。王政所先。良以私鑄薄濫。官司糾
繩。挂網非一。在市銅價。八十一文。得銅一斤。私造薄錢。斤餘二
百。既示之以深利。又隨之以重刑。罹罪甚多。姦鑄者除家。今
錢德有五銖之文。而無二銖之實。薄甚榆莢。上嘗使破。費之以
上。殆形不決。此乃因循有漸。科防不切。縱逆之鐵。稅後自罷。昔
漢文帝以五分錢小。改鑄四銖。至孝武帝。復改三銖。為害甚。此皆
以大易小。以重代輕也。論今據古。宜改鑄大錢。文載年號。以記

其始。則一斤所成。止七十六文。銅價至賤。五十有餘。其中人功食料。錫炭鉛沙。縱復私營。不能自潤。直置無利。自應息心。況復嚴刑廣設也。以臣測之。必當錢貨永通。公私獲允。後遂用楊侃計。鑄永安五銖錢。（七七高）

魏書張普惠傳普惠以天下民調。幅度長廣。尚書計奏。復徵綿麻。恐其勞民不堪命。上疏曰。伏聞尚書奏復綿麻之調。遵先皇之軌。夙宵惟度。忻戰交集。何者。聞復高祖舊典。所以忻惟新。俱可復不復。所以戰懼。仰惟高祖。廢大斗。去長尺。改重稱。所以愛萬姓。從薄賦。知軍國須綿麻之用。故云幅度之間。億兆應有綿麻之利。故絹上稅綿八兩。布上稅麻十五斤。萬姓得廢大斗。去長尺。改重秤。荷輕賦之饒。不適於綿麻而已……自茲以降。漸之長闊。百姓嗟怨。聞於朝野。伏惟皇太后未臨朝之前。陛下居諒闇之日。寧積不減其本。知天下之怨綿麻。不察其幅廣度長秤重斗大。革其所弊。存其可存。而特放綿麻之調。以悅天下之心。此所謂悅之不以其道。……尚書……奏求還復綿麻。以充國用。不思庫中大有綿麻。而群官共竊之。……今宮人請調度造衣物。必度付秤量。絹布匹有丈尺之盈。一猶不計其廣。絲綿斤兼百銖之剩。未聞依律罪州郡。若一匹之濫。一斤之惡。則鞭戶主。連三長。……今百官請俸。人樂長闊。并欲厚重。無復準極。得長闊厚重者。便云其州能調絹布。精闊且長。橫發美譽。以亂視聽。不聞擅長其廣。求計還官數。卌……今若必復雜麻者。謂宜先令四海知其所由。明立嚴禁。復本幅度。新綿麻之典。依太和之稅。其在庫絹布并及絲綿不依典制者。請遣一尚書與太府卿左右藏令。依今官度官秤。計其斤兩廣長。折給請俸之人。……如此。則高祖之軌。中興於神龜。……（七八上）

魏書馮元興傳：又齊郡雷昂。有學識。業兼長。永安中。大學博士。尚書郎。兩膺後尚上前。以示清貴。自無追諂。不失後德。時人高其縱論之語。（七九上）

又廣陵書[redacted]指僧術。長度。附船鄉至大梁。夜睡。從上岸。竊米四束。乃閭龍駒。船泊川對岸。淹覓閭日未之處。從者以告。淹大悲。即停船

上奏。盡取金像以鑄三丈。皇帝重之而息。（七九上）

魏書孝感傳：乞伏保每請祿絹，於外公私丈尺所用，無不自知。（八六）

六作

魏書島夷蕭衍傳：聞景至蕭湖。……掠諸寺藏錢，皆入嘉德陽堂。以充軍實。有一小兒請以死鴟付錢脩真。縿乃作斛千丈繩。繫紙鴟於繩端，縛書其背。又題鴟口：若有得鴟送援軍者，賞銀。方撒繩出太極殿，因西北風而放之。賊見放射鴟，景令走馬射之。竟不能達也。（九八上）

魏書西域傳：龜茲國，稅賦准地徵租，無田者則稅銀錢。（一〇二上）

北齊書循吏傳：蘇瓊……遷南清河太守。……又蠶月預下綿絹度

樣稿部內可亦錄

北齊有王則仕元象初。除洛州刺史。則性貪婪。在州受取非法。舊京諸像。毀以鑄錢。於時世號河陽錢。皆出其家。（出北史）

漢之五銖當今七分而弱今之一錢二分還為古八銖有餘
侗
錢十文準銀一分承平為今日之三
米與銀相權而行欲求錢法之流通必先定錢直之高下錢無
定直則錢鋪戶之倒換者得以操其重輕私家之居奇者得以伺

錢法通考

其貴賤縮盈價無準而擅價大失其平自漢以來銀尚未為通用之幣故銀不相權之直前史多未及詳 大抵古者金銀時後世較賤銅不時後世較貴漢書食貨志漢武鑄白金三品龍文白選重八兩直三千馬文直五百龜文直三百所謂白金者得銀錫為之既非專用真銀而其時以縣官空乏聊造以贍用不可據以為準故重八兩直三千者而重六兩四兩者止直五百三百則紀當日原未嘗以白金之重與銅不相較而平其直也宋於時黃金一斤直錢萬銀八兩為一流朱提銀一流直一千五百八他銀一流直一千以古稱比後世三之一計之金一觔當是為今五兩有奇而直萬銀一兩當是為今二兩八分有奇而直止

千有奇及千，則漢時黄金貴可見。而金價但五六倍于銀，則以金多而銀少也。宋真宗嘗論咸平中金兩五千，銀兩八百，今金銀之直已較貴于漢。自鈔法盛行，而錢價益無定準。金時每錢一兩折銀二貫，則銀直又過前。明代錢至有貫錢賤，每銀一分直五十五文至百文不等。又有京錢、外省錢多寡之異。末錢幣毒銀一兩易錢五六千文，而錢法大壞哉。朝順治之初議以銀一分為錢七文，是年更定為每分為十文，以為制錢價屢申明甚。今其用積日少，遂有私鑄小錢，有增無減，偽遂多價積即且多方調劑以平其直，務使轉移出入，上握其權，庶幾流通，下收其利，誠為酌中便民之利也。同上

順治八年始定制錢每文重一錢繼重一錢二分猶嫌其輕每
文改鑄重一錢二分五釐仍以百文準銀一錢（同上）●四
鑄一釐錢背左增一釐二字有鑄地名即今之同福臨東江
也（同上）二十字又見十七年例（同上）七　又康熙二三●一四　一七年●一二四
一釐紀直銀之數（同上）
移陽和局于大同改鑄陽和為同字是陽同福本陽福也
停各省鎮鼓鑄專歸京局每文重一錢四分錢背滿文（同上）●五　工
部局寶泉大清寶元二滿字（同上）（順治十四年也）
夏殷以前錢無文周制則有文以[illegible]字繫錢自周敬王之寶貨
始以年號繫錢自宋孝武之孝建錢始以通寶繫錢自唐之開

元錢始，但武德鑄開元錢，原取回環可讀，太倉時稱開通元錢，其專
稱通寶者，自唐之建中通寶始。錢之有紀以地名，則自唐會昌之
開元錢始。厥後或有紀年以開鑄年數者，或有紀數以當五當十者。
至本朝始定鑄在京局名及直省地名焉。若錢面背，古人皆
一面有字，一面無字。昔人以無字為面陽，有字為背陰，謂如鐘鼎
物款識，必書于面。其實不然，漢書罽賓之面皆人文后幕前，
說以為幕為漫，而無文章曰幕，以背也，則無文字處為背，自古
已然。惟古錢有字之面但記銖兩輕重，其建四銖外紀年，
自六朝始兩面有字，唐宋以來皆紀年号而不紀銖兩，遂以通寶
為面，則古今稱号之各隨其宜也。三六五三

私鑄禁例失察處分行使舊廢錢禁責矣 一三●六又七

停各省鼓鑄止留江寧 一四●一

錢一厘 同上

申失察私鑄處分 同上

復開各省鎮鼓鑄增置督局 同上

增蘇州府局爐座 同上 ●二

四川廣東西貴州各開鼓鑄局 同上

停十六省鼓鑄 同上 又四鎮 同上 又浙江 一四●三

收舊錢 論 又取腳 同上 又私銷例 同上

禁造銅器 同上

罷採山銅[illegible] 一四 三 其二分入官八分入民即令開鑛章程杖與

也上官諫未逼勸從重議处惜今廣鑛不行 三

銅鉛各省[illegible]許採[illegible]征権 [illegible]

令送廣銅 上 同

復開廣西局 上 同

稽察各局 一四 上 四

開[illegible]潭州府局鑄錢[illegible] 上 同

停止差勤採銅 上 同

停廣西鼓鑄 上 同

開雲南鼓鑄[illegible] 上 同

各關監督辦銅全行解運 上同

停漳州鼓鑄 上同

減江蘇浙江清淮關及蘇鎮太平關遞辦廣東乾隆年分並增湖北湖南廣西等關銅斤 上同

開湖南鼓鑄 上同

鑄錢之法必用銅鉛蓋銅性燥烈濟之以鉛而錢始光潤唐錢

已用銅鉛錫故開元時嘗禁以銅為器及私賣銅鉛錫宋史稱

轉運使張齊賢貝求舊鑄法惟永平監用開元錢料最善即詣闕

面陳詔增市鉛錫明代錢分別四火黃銅二火黃銅配鑄所謂

黃銅者即紅銅與白鉛相和而成蓋相其法相傳已久 國初

鑄錢或聽各關于銅額內兼辦鉛觔或收用廢錢舊器分別生

執銅配鑄至二十三年始酌定成數若兩湖福廣浙等省皆令
照例配鑄惟雲南以鉛貴銅賤準令鉛三銅八云一四・五
罷前代錢禁
上諭今歲有秋米價仍貴詢之士人皆云錢賤朕頃謁陵時見
用小錢者衆所用錢换大多舊錢不兩局不絶少使用非益民之
事也一四・七
定錢重一錢四分一・八 一四
諭大學士朕意欲收米糧折錢錢盡折銅禁則私錢自盡一四
九・
錢面鑄漢字蓋欲布滿人之正朔於中華錢幕鑄滿字蓋欲擴

地而歸諸滿也意深深哉。一五八

海望言銅器散布民間相習已久禁之非便且胥吏需索刁民訛索詐交納銅器或僅半價此等銅質本極粗雜加之繡壞一經鎔化折耗甚多并金所發得不償失黃銅乃紅銅白鉛配合而成百萬觔之黃銅中有紅銅五六十萬觔今禁黃不禁紅是校未禁前銅又多貴而適昂其價值速其私毀乃罷其禁。一二八一

銅鉛点錫合成私錢私銷何利焉。同上五

近海之地行使洋錢銀皆是范為錢式來自西南二洋大者曰馬尒

尒海馬形次花边名次十字名花边又有三等大重七分有奇

中三分有奇小一分有奇又有刻仝人面或生肖背為宮室器

四角戰獸花草環以番字大有兩臺人形者閩粵稱為番銀或稱

花边銀錢個廣佛狼機諸國商船所載以數千万元計漢書安息

大秦諸國附近西海多以銀為錢太平寰宇記載西洋諸國錢

有騎馬人面諸國蓋其遺制矣今尚存　一一六·　一二

銅

銅觔來自東洋皆江浙商人採辦西洋商大載運進口　同上

聽商民赴安南國採銅　一一四　一一三

私鑄不必經紀與販鋪戶攙和今經紀鋪戶不許攙和一文分前

私售價一月前明半價收毀其風自息　一五・四

古者禁銅欲利于國我朝亦嚴禁于民豈可同日語哉　一五・六

以祛席上過師　二一・一

對和羹而索鹽梅多見其不知味也　二二・一

直省解銀由布政司起解者曰地丁銀由運使起解者曰鹽課銀由糧道起解者曰漕項銀由關監督起解者曰關稅銀皆必傾鎔成錠然後起解其解銀之具曰鞘鞘銀千兩或委員押解或吏胥押解例填給勘合火牌及兵牌于所過地方撥夫擡送撥兵防護所以慎重餉項也　一五・三

古者金銀皆有定式必鑄成幣然後用之顏師古注漢書謂舊

金雖有以舠為名而官有常形制亦猶今字吉字金挺之類武帝欲表祥瑞故改鑄為麟趾褭蹏之形以易舊制然則麟趾褭蹏即當時金幣之式也漢之白選與銀貨亦即銀幣之式舊唐書載内庫出方圓銀二千一百七十二兩是唐時錢亦皆系鑄成金史食貨志載舊例銀每錠五十兩改鑄銀名承安寶貨一兩至十兩分五等此今日以重五十兩者為元寶重十兩為或五兩三兩者為中錠所由始也元至元三年以銀五十兩鑄為錠文以元寶嗣後或鑄重四十九兩四十八兩又有揚州元寶遼陽元寶等名色此元寶命名之始蓋古者多以元寶之名鑄于錢面自元以後銀始蒙錢文元寶之稱于是錢面始專鑄通珤

字矣其稱銀爲錠錠說文鐙也廣韻豆有足曰錠無足曰鐙博古圖有虹燭錠當時皆以爲器物之名古稱銀多爲鉼三國志魏嘉平五年賜郭脩子銀千鉼水經注嶺南林水石室有銀有奴竊其三鉼是也亦有稱爲鈑及笏及版者猶之稱鉼之意所謂鉼者以其（頗）稱銀似餅則與今所稱錠式自不同矣今之稱錠即古之稱鋌南史梁廬陵威王傳續子應至內庫見金鋌唐書太宗賜薛收黃金四十鋌（[illegible]）南唐書耿先生握雪成鋌熱之成金五代史賈緯言桑維翰身後有銀八千鋌自宋以後遂轉稱銀爲錠云 一五三

採買洋銅例往東洋日本自康熙二十二年設立海關是時

銅即已流通内地逮三十八年以京局額銅交商辦解尋改為八省分辦復改為江浙總辦皆取給于東洋至乾隆三年京局改用滇銅而江浙等省仍用洋銅配鑄自是年奏定商額後各船歲往日本之長崎澳易銅以還分供鑄局 一七・八

西域之錢多以金銀為質惟唐書載泥婆羅國以銅為錢不穿孔宋三朝國史載天竺用銅錢圜徑如中國之制但實其中心不穿貫西域之錢又多以人物為形惟洪遵泉志列吐蕃國屋馱國錢稱其肉好不異中國以銅為之字如梵書不可識所謂泥婆羅吐蕃等國皆為今西藏左右之境宜是當回部之南然則回地之舊普兒錢鑄以赤銅而有字或即其遺制與夫回部居

天山之南多系古西域三十六國地唐書西域傳謂龜兹于闐置女肆以征錢後周書異域傳稱高昌國税銀錢樂史太平寰宇記稱龜兹國税銀錢而皆不詳其式洪志載龜兹疏勒國有五銖錢又稱其地近西涼為張氏遺制然則其為市易之流傳与本國之自鑄亦莫得而考也惟至史稱龜兹疏勒國有五銖錢國能鑄冶有鉛又疏勒姑墨難兜諸國多出銅錢鐵今回地之阿克蘇烏什庫車沙雅爾諸城即其故竟並貫其饒于礦產自昔而然我　皇上于回城設局鼓鑄冠以天朝年號而附識其城名于幕回部糧賦若葉爾羌喀什噶爾依和闐諸城皆以糧与錢並納舊以五十普兒為一騰格今每騰格值銀一兩[illegible]

籍以來米價日就平減諸城伯克等請加納普兒以次遞增乾

隆二十八年經以百騰格普兒為一騰格凡田野畝之供輸與市

廛之貿易皆以此為準一七·一〇

錢

貨列泉布貝金

漢書則化之泉六刀列泉布並號貝金之之

補注

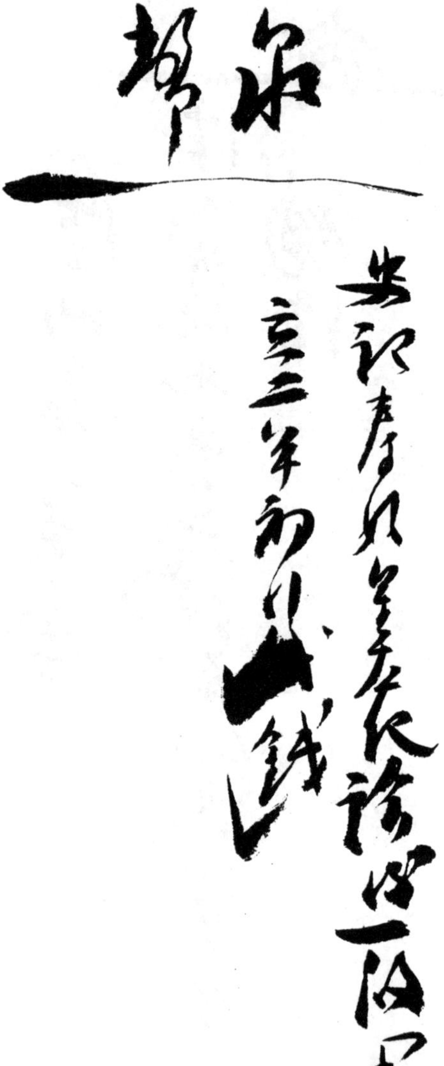

目人於石之義始可證之珠

說文的讀玉部琅下

[illegible][illegible]

[illegible][illegible]君[illegible]什十隻[redacted]伯樂字伯[illegible][illegible]鐵[illegible]令歸[illegible]逐[illegible]

年以災請改鑄[illegible][illegible]重一兩一枚便民[illegible]

史料

清代之制錢現代流通之貨幣

東方40卷一號86至90葉

之冊諸附無兵防隴二條　可留附入條　宗叔附

此條　請另開九條入之

明中以學者來[illegible]此可無矛盾[illegible]用作手稿另稿

[illegible]稿楊樹千稿稿

隋幣制

鹽鐵論錯簡

中國銅錢流出海外

唐宋元時代中[redacted]西通商史世五叢頁

[illegible]

◎記宋徽宗鐵大觀（一）

老圃

民國四年。河北人掘古塚。得絶大之鐵大觀通寶十三枚。周建初尺二尺。徑六寸半。實中華有史以來之最大錢。其文作瘦金體。與御書折十大觀無異。眞道君手筆也。此錢携至洛陽。爲京客所得。洛陽人雅不欲古物流入他所。乃訟京客。繫之獄中。是時范壽銘爲河北道。得此錢拓片。寄示淮陽縣知事蔣中覺。蔣精於鑒古。尤嗜古錢。乃使專使赴汲。謀之於范。卒以百金易得二枚。後與范遇。又續得二枚。余今春寓居吳門。與蔣比鄰。乃以一枚見贈。其錢合背書法遒勁。可喜。昔人有不喜蓄古錢。而因愛徽宗書專蓄崇甯錢者。戴文節亦雅愛瘦金書。謂嘗見石刻數種。其神氣皆不及錢文。此錢瘦金書尤推巨製。惜不令文節見之。誠所謂毫髮無遺憾波瀾獨老成者也。

◎記宋徽宗鐵大觀（二）

老圃

考宋世河北產鐵。蘇轍嘗議鑄鐵錢。行於河北諸路。大觀中。曾於懷衛州建鑄錢院。此錢於河北出土。當是懷衛州鑄錢院所鑄。爾時蔡京當國。或因用兵湟鄘。國用不足。乃鑄此大鐵錢。以供邊費。但今世所傳政和大鐵錢。僅徑寸三分半。當時已官私不行。斷無如此大錢而可通行之理。蔡京雖主大錢政策。然行折十銅大觀。已議者紛起。當亦知此錢之不能行。余謂大觀中濫造錢引。此類鐵大錢。蓋充錢引本錢。以掩人耳目者。錢引本名交子。始於眞宗之世。乃吾國最初紙幣。其先有飛錢。猶類滙票。交子始於蜀。以蜀行鐵錢。不便貿易。故交子應時而興。交子之法。必儲本錢。當時有椿留椿辦諸稱。即今所謂準備矣。張詠因蜀之鐵錢充塞而造紙幣。以資流通。徽宗之世。又因紙幣充塞而造鐵錢。以供準備。但此亦一時掩飾之計。其後錢引增造無藝。幷不蓄本錢。至引一緡當錢僅十數。故此類大鐵錢流傳甚少。史亦不載也。

邢克山房錢笵拓本跋

老圃

玄應曰：以土曰型，以金曰鎔，以木曰模，以竹曰笵。此古泉布鈔笵六十種，二十種爲鎔，四十種爲型。莊子新發於硎，硎、型當非異字。左傳形民之力，乃借形爲型。崔本莊子作新發於形，云形所受形也。郭象訓硎爲砥石，蓋失之。新發於硎，猶言新出於笵，若曰新發於砥，則不辭矣。型之爲言形也，鎔之爲言容也，形聲皆包會意。顧昔人習用竹笵字，所謂散文不別。古音無輕脣，今音無閉口，故土語相傳，笵皆作版。清施可齋閩雜記云：陶岳泉貨錄：閩王曦時鑄大錢，亦以開元通寳爲文，俗呼銚㕦。雨航雜錄云：鑄錢之模謂之版，宋時鑄錢，每版六十四文，故俗有版版六十四之語。今江北各省稱大錢爲老官版，亦是此義。稱官版者，別於私鑄；稱老官版者，別於近來之官版也。銚字疑當音老，銚㕦蓋即老版。觀此，知錢模稱版，本即笵之音轉。其後由錢模引申，乃呼錢曰老版。今人呼銅幣曰銅版，或以爲不典，而不知閩開元錢稱老版，五代時已有此稱。明董穀碧里雜存云：正德丁丑，余始遊京師，見交易者稱錢爲板兒，皆低惡之錢。既而南還，則吾鄉皆行板兒。是明人稱錢曰板。其後由錢之老版引申，乃呼人曰老版。王漁洋居易錄載劉文肅相武宗，以木强聞，不悅於璫永之黨。

在位僅三月致仕。武宗語於朝曰。劉先生。員老。乾版也。今人呼不隨流俗者曰老古版。亦與此同意。老乾版。老古版。猶市井所謂老牌。更由此義引申。乃呼店主人曰老版。孔方稱兄。則錢化爲人。財主稱版。又人化爲錢。雖近於滑稽。實無可疑者。不然。班本賤稱。金源以來。稱倡優曰班。今乃稱資本家曰老班。豈視爲倡優下流。不足齒耶。

貨幣

黄金一斤金曰一金，當一万錢也。

史記項羽本紀閒其後能我驗千金之反

幣

清代幣了

清代通貨幣 47

現在市面銀元共十餘種最普通者八 鷹洋 江南

湖北 廣東 造幣 北洋 袁象 孫象

用銀兩之利

華洋貿易大小與行多以銀兩為[redacted]準款歷年銀元成色有高下[redacted]錢幣區風潮而餘為之操縱　物價亦穩定不少[redacted]了銅元賠銀圓亦受影響同　若銀兩消滅則銀之錢幣價一變動物價即將飛長矣

銀兩不齊價相符

用兩之弊

商家以銀兩進貨銀元讎出者慮洋釐之跌高抬物價以為之防　上海進口旺盛銀兩求多銀[illegible]將高昂進口貨成本增　出口貨旺時同出口貨成本亦增　又凡出入商付銀兩收銀之折利銀元價高付銀之收銀兩折反是之

英洋價減

查初紙幣照以八九二三民八為八八九五銀價

畫訂洪憲一厘價英姑洋為標準墨

紙幣合銀以後并棉光等實為銀標代為

紙幣十分華樸隨使以議洋為大洋紙幣

貨幣

光緒中張督粵設銀元局自鑄行銷

銅元亦湖北首先開鑄廣東福建繼之

光卅一戶部設造幣總廠於天津　幣制

貨幣

續云四二一六度支部責庫空幣對照抄例
附三二二八號同幣傳例如種類圖
三八說幣出局 ·該估類而論摘要事
續寶藏樣局撥

貨幣

黑幾無惟賓力之蛤蛎者乎十
貨幣有行空府未可易他貨之便用原
古人所謂救荒作幣者皆出於此意
此代幣尚未作成之貨幣之便用也
紙幣又為代幣尚未到此之代幣
者

但至歷史上代幣貨幣一錢幣二真貨代幣

如何攷訂沙塔何時無顧不待善者如已即

題源字兩諸君處

錢幣

元代用鈔雖多，然維持其對銀之比價，使物價昂貴程度甚不高。後除兩物價騰貴外，幾和國初之兩宋錢價納庫文，閣務契據據外國之久，為後擾亂價格也。未見失也。蓋由(一)當日同收兩有一定之比例，(二)同收以權奈諸物設印書程實物準備(三)又廢銅錢，故即有代鈔出入，手無形之貶而後採

動市面上之為錢鈔發行之勢着急懇

代[redacted]幣

貨幣之價值

以貨幣流通額、流通速率及其流通區域內之貿易額參定之，以流通額與速率相乘，以數除貿易額，則得貨幣之價。非必原式為貨幣乘貨幣流通速率加信用乘信用之流通

紙幣

不換紙幣惟有由政府收回，不能由人民請換，故兩方之辯論，只有與當時需要額而相應之處，無排斥不換紙幣者之通說也。 謂彼之此次歐戰，美日諸國維持兌換制，何嘗有辯論，何嘗能防止價值低落？蓋兌換制之辯論，乃對于同本位國（或謂之求平均價格更確）。一國貨幣過多，則以兌換取貨幣輸出，貨幣于同本位之國，而他國之貨幣數增，自國數減，因之可以調劑。 若各國貨幣數俱增過于需要之數，則不能因兌換為調劑。

此次歐戰，歐洲美以為不換紙幣者，貨幣政府備現金甚未美者 美

約有餘億元，目下尚約有十數億流通，而紙幣雖許兌換現貨，亦見膨脹，

物價騰貴，生活困難。

甚且不知紙幣價值，非兌換紙幣所以保持，而以實的金貨之多寡，及於不

換紙幣之累，原信用有損。中國今日不兌現之中交票，其跌價尚

不如美日現金之甚。

中國古代之紙幣，當時僅爲三之至通限界以內，爲其流通之域。

兌換制不足以爲調整之，即反生貨幣過多之弊。平時不換券之

驅逐現金，與兌換券同一。也有兌換券不能吸收現金，而不換

紙幣同。惟不換紙幣尚有如持向伸方，對兌換紙幣則成無之害

初既以先據為證一本於新舊兩書以先據之本於和帝朝諸書

此中國古代先據所以常存而久絕所以不滅也也

紙幣

收回不換紙幣之議設法兩驗于兩稅兼以新易舊於此行收回也

賦稅收回

貨物收回

以為賦稅收回[redacted]將紙幣與貨二項相抵 蓋此項所徵

除捐外例外皆為罰款畸零之類無業者 其應用其貨物者千分之一抽

納見錢者以見錢計其所納之貨物交為倉儲之糧以倉儲所自其

應納之貨物耳 即照不換紙幣以貨物同價計也

紙幣

人之信用紙幣也，即其購買力如何，不問其兌換之確實如何。如紙幣不論其兌換不兌換，皆以其購買力受信。即鑄幣之本有價為代表貨物，故可換得相當價值[illegible]之貨物者，亦可以其價值流通。

貨幣之所以為貨幣，以其有購買力。貨幣有若可供消費者，金銀銅鐵之類，自體之價即其最初被用為購買力所自出，蓋不能用為貨幣時，則以其自體物質之用，猶如貨幣購此物質也。兌換紙幣以其所代

表之貨幣之最大效用為其最大效用　不換紙幣之真銀銅同收
時為交易之一種物品之權定價直為其最大效用
金銀幣之最大效用固為價物之一種　但金正子金銀子銀　均
具價值適應價值狀況之發達而大有補益　金銀之用既為貨幣而
實際償價格而興之際也而金銀既退隱之后其實際最大效
用在于互換物之最大效用之下　不換紙幣而紙換其全數之
條物共效用而有不同　而紙幣則同收之時則不確實而同收之後
物價以為標準（金以換紙幣者則為有其金銀）
紙幣有價值之保存日　故不換紙幣通一定額以換取

一定之價格，則價格不變，即與價值相符。大使不能無時相備，時有
以換取貨物，即政府發行若干之貨幣，其實皆若干紙幣以行於
之貨物其所以獵得者，貨物增而紙幣多少，貨之紙幣可以流通
則其價直必又比于現幣有加

信用問題在於不換。換券即先換之銀，乃其準備金，皆不足當之之實信
然以信用為其本，樣不大，其是假信之物，稍作大額補助以免集現幣乎之
理也。

補助貨之用，代幣以肩現貨。代幣價太低，僅不能代償之
好僅不為亂，本位幣與補助幣之重、衡、質，按比則一般與須

付御銭差登世共計弖御事細申遣候処御
不審候間御問合被遊御尤付御承候以来御納等大切御座見年物候得断實
候し

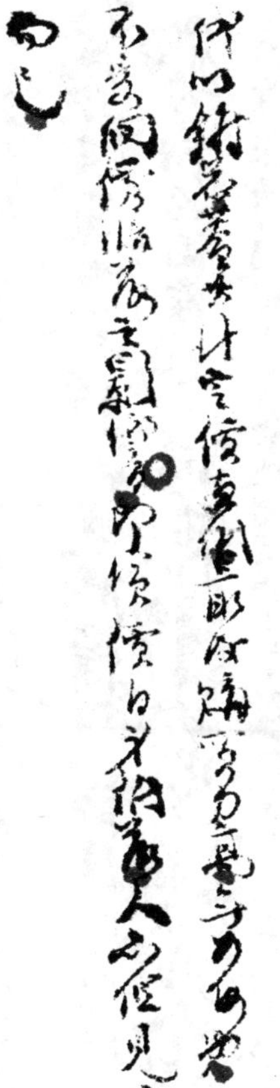

代替

金本位終不爲錢幣之基礎之
據士葛司特見之理由而謂利判特稱矣

（物價騰貴非由金產增加）一八七三至一八九三年凡二十年物價指數跌落四分之一。十年金之產額不進。前十年產額增者三分之一

（信用代替金不足金錢而生減信）減信者乃信貸爲國[illegible]之物可轉移而與原物有同等價值之貨物也。或稱大非金錢也

銀行非能創造信用，祇能對於信用見現使其爲錢幣而已

（證券不藉準備金維持）政府證券爲人所需之而由政府允于某日交付金錢重幾多其真價值於某日於權信用之爲證券期滿

之前則只三元之譜。故日本將使多數之信用，政府以維持經濟安定

貨因膨脹　故人民對於將來國民產業之信用乃真為膨脹以償

負

（紙幣）　其目的不在消費，而在轉輾流通，以為交換物之媒介

（貴金屬之本價值乃與對於錢幣之需要無關）亦有金塊之千百年者

金已用為貨幣，其時未曾有此國之政府造幣局也。故

錢幣本身之價值可言者，乃依法律所定武斷的尺度且於政府

之價值與以一種名稱而已）

以現所行之金本位，兼用為貨幣局操行之證券兌換時可兌金

也。非果如所云剝削與現象之全屬商人而亦揚所有失價值
其價值耳。
今之商業發展以只錢之價而已也。惟以勞動之金屬為中
度價值之多寡而已。商業得發達，固不以金屬為必
蓋西北之販非豈不以金屬為貨幣，生以他種貨幣為本。貨幣之[illegible]
再限度其實現的當為不出可能的範圍。
價值與積之多寡，其於遺產社會者，非因貨幣發達而畢滿金屬貨幣因貨幣
所當一手當之生產遂成唯一滿之貨幣。
造成貨幣與交，其關係當時生之一般

又

貨幣

墨國錢幣

斐文所備之及援撰　見羅威達評論

貨幣者，羣之屬，為世界各處交易之具，古今真使用貨幣，皆為之交貨通用，

而屬于一般多數物品之價值。

凡國于一時所積聚之財，或以法律，或以習慣，共所公有一定之類，

于一定時界者方法代價，準為國之定準者之者同。

現金錢幣者，國之法貨，其價值加幣多寡所議定，以歸貨加定錢

幣之有者，以歸貨幣多寡，并以金銀等金屬所鑄之價格為之

通著于世界，以金屬于國庫，由政府立定貨幣價格，有為人所

烟中黄帝治畫一而精實由□而在實際應用上一定之平衡之會

織類代表之

以何種標準□則便於廣假之而為特殊之意義者 由精標準精

發揮而已 一則積而偏殘鄭平等而已 一

錦帥

中央造幣廠擲下作何不合

造幣廠廠長郭標謹啟

一七・一二・一八

西陲將帥，兼衛宮闕，異數殊寵，誠有以哉。書以任將取勝，畢竟歲凡三萬萬千萬之，抑畢張之為乎？而漢高人人自衛乃中闕云。

部

廿年需用之數此後需存金條八万每条二斤請由軍運去

六月卅申根北平電

$80000 \times 2 = 160000$斤

以言乎廢兩改元之動機及其歷史、則當追溯及於民國三四年間、其時國人固已熱忱於統一幣制之要改、尤以當時外國銀行勢力偉大、發行甚多、幣制紊亂、爲國人所詬病、蓋外國銀行以鷹洋爲本位也、國人研究結果、遂一致主張非先用國幣銀元爲本位不可、蓋惟先以國幣銀元爲本位、斯能漸漸推行內地、俾各地寶銀由複雜以趨於統一、以便商業、以利金融、厥後政府遂有國幣條例之實行、袁幣之流行市面、亦遂日廣、然袁幣低而鷹洋高、尚未足以言統一也、直至民國八年五四運動之際、各地風潮、牽動及於金融、上海洋厘高至八錢、人心大憤、而調查之結果、中外商人所存之鷹洋、均復無幾、因之由銀行公會錢業公會之努力、議定取消鷹洋行市、市塲流通、只認有國幣：袁幣之一種行市、而硬幣行市、始行統一、（記者按當時外國銀行即如最大之外灘各家所存鷹洋絕少、遠不如其發行之準備額、故時亦俯首無詞、而奔走接洽者、宋漢章氏之力爲多）自後直至民國十六年、國府統一成立、開鑄孫幣、流通日廣、袁幣亦遂減少、孫幣當然即爲國幣、至於今玆、滬埠存銀日少、銀元日多、因之洋厘跌至六錢八分、（記者按滬上存元之多、實以內地萑苻不靖、因而現貨均集中於上海、內地凋敝、正可於此覘之）於是上海之每日回爐鎔銀元以爲銀塊者、日幾三十萬元、而此所鎔之銀、仍流入外國銀行、夫在此時會、銀元多而銀兩缺、十餘年所圖廢兩改元之機會、幸獲其所矣、

廿・七

民十七年經濟會議曾議決十八年七月一日廢兩改元　十九年工商部駐滬辦事處金融專家會議亦決定

年七月一日廢兩改元皆未行也

信[illegible]幣

清末到民國之幣制

東方20卷5号 三十年來之貨幣改而二節

都

現存五大金本位國

法荷比意瑞士

廿二、十

金貴銀賤

用銀圓換者 因此尚須略加翻高圓形以為區別

用金圓 金價長物價落 貨物生産窒塞

金貴銀賤

印度安南暹羅菲律賓日本向銀本位今皆改

歐戰以其國補幣改同鎳與錢

然印度南洋羣島銀仍用以貯蓄其所損亦甚矣

錫

美國救濟金存信

二二·四·一九

錢

中央造幣廠建設之經過

盧學溥　廿二・十・十

本廠建設之動機，始於民國八年。其時歐戰甫停，中外商人，深感幣制紊亂，洋厘漲落不定，影響及於商業，遂由金融界提議，設立上海造幣廠，鑄造新幣，爲廢兩改元，統一幣制，樹厥先聲。其時前總稅務司安格聯，亦向北京政府條陳改善幣制，當軸雖韙其議，然以庫欵支絀，無力舉辦。上海金融界復議組織銀團，借欵興辦，迭與財政部往返磋商。至十年春，始成立借欵，計金額二百五十萬元。先後部派鍾文耀及薩福懋兩君爲廠長，又聘請美國人赫維特爲總技師；籌畫進行，購地基，建廠屋，定機器，至翌年廠屋次第落成，機器亦相繼運到；惟欵項業經用罄，無法進行，所派廠長又屢易其人，廠務遂行停頓，所欠機器價欵，廠屋造價，及過期利息等項，爲數至鉅。此時金融界雖有續借巨欵，完成此事之議，旋因種種窒礙，未能實現。十三年秋，乃裁撤廠內行政部分，以節經費，將所有廠基房屋，及機器卷宗，交由上海銀行公會保管，總技師赫維特亦以聘約期滿回國。及民國十七年，國府成立，銳意整理幣制，恢復上海造幣廠。是年財政部即委唐壽民君爲廠長，嗣委郭標君繼任，並改本廠爲中央造幣廠，仍聘總技師赫維特來華，即於十二月向銀行公會接收一切財產，於是修理廠屋，裝置機器，並先後委韋憲章及王孝賚兩君爲副廠長；至十九年春，均告蕆事，正擬開鑄，忽遭一二八之變，不得不暫時停頓，廠長郭標君因病出缺，徐寄廎君繼之，九月徐辭職，郭承恩君接任，廠務竭力進行。本年政府實行廢兩改元，並頒布鑄幣條例，本廠遂於三月一日實行開鑄，此本廠建設經過之大概也。

本年四月，郭君承恩辭職，鄙人奉命就任，固辭不獲。有鑒於開鑄以後，每日出幣，爲數不多，雖緣事經草創，困難階級，自不能免；然既實行廢兩改元，非廣事鼓鑄，不足以應社會之需要；且本廠爲鑄幣惟一之機關，尤須出品精良，掃除舊習，方能取信中外。受事以來，日與副廠長暨鎔煉化驗鑄造三處長，及各技師技正，督飭員司，通力合作；討論計畫，設法改良，每日鑄幣成數，由五千元而逐增至二十萬元，出數遞有增加，公差毫無出入，且從前未有之九九九廠條，亦已遵照部定條例，鑄有成數，流行市面，爲我國幣制開一新紀元，而此後中外商家，收解便利，猶其餘事耳。查本廠設備，悉行參照美國最新之廠，出品本可較舊時之廠爲多；祇因工人技術，頗少熟習，非經數月訓練，難以從事，尤非各省舊廠工匠，所能濫竽，以是工作，不免延緩。且每元成色重量，力求準確，凡不合法定標準公差以內，概須回鑪重鑄，手續之繁，在所不計；鑄出之幣，逐日經審查委員會化驗合格後，方得出廠，交由中央銀行發行。自總技師赫維特因病辭職回美，本年四月，財政部續聘美國造幣專家葛蘭德博士，爲本廠顧問，認真從事，曾將所鑄新幣，分送美國費拉德兒及舊金山兩造幣廠化驗，其成色重量，均合法定標準，成績尚佳。查本廠原爲上海造幣廠，當時設計之初，預算每日出幣不過二十萬元左右，故一切機器及煤汽力量，均有限制。今爲加增出品計，其要點首在改良煤汽，蓋煤汽不足，不特溶銀多耗時間，並阻礙其他鑄務良煤汽，三四月後，熱力既足，出品自多：一面補充各種機器儀器，以冀鑄造便利，銀元廠條雙方，能達鉅額之數，藉副中外各界之希望與督責也。第茲事重大，言之非艱，行之惟艱，百密之中，容有一疏，海內賢達，幸而敎之！

言注

録以

首藏寶於其中國通史經營先路爲學者參考

先注記經引——古先秦代經引——中民之國經引

乃通輯之引

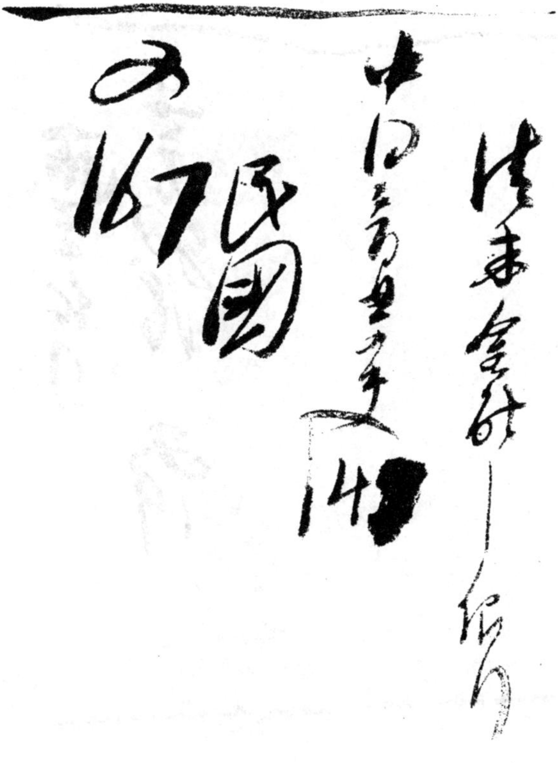

西晉
東晉南北朝

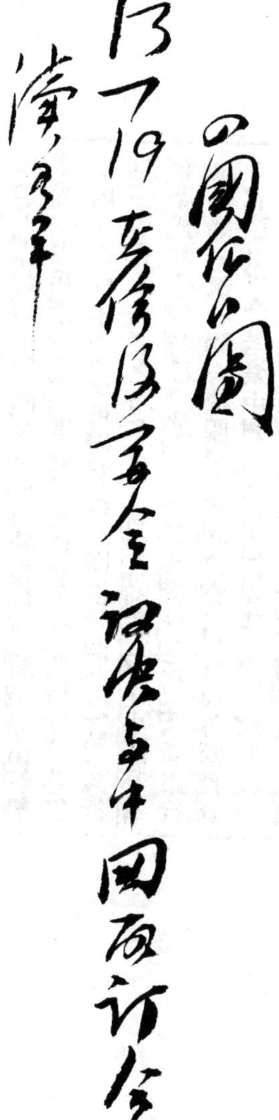

新銀團之自述

團非欲壟斷借欵也、短期借欵、不在其範圍內、在中國發行之債劵、不在其範圍內、非爲政府所擔保之實業借欵、不在其範圍內、而又不欲自營銀行、製造鑛山航船諸業、或爲諸事業之借欵、如此私人實業借欵、非但不因此而受阻撓、反可因新銀行團借欵開發之結果、見是項資本需要之增多也、新銀行團不欲在中國享有鐵路或其他種特權、並不願築路及購料之利益、新銀行團不過一銀行聯合機關、買中國債劵、以賣與外國投資者、其所得入欵、爲中國造鐵路之用耳、中國政府或地方之借欵、或爲中國政府所擔保之借欵、而其債劵又須在海外公共發行者、始在新銀行團範圍之內、設使中國於去歲一月頃、四國公使曾致通牒於中國政府、報告新銀行團之成立、同時四國銀行團代表、亦函答財交兩部、並附新銀行團文件、迄今未得答覆、承認與否・當時

孫郎送之時作此幅也本六分錢亦共存全重在九、六、八

商約

外國貿
舊約1853 花旗1901 英國商約1902 羅華1867
中華郵政1891 義國志詳 法華中約 路政
葉法1903 東方鐵路1875 召約1892 荷蘭
1848 葬鐵道時1896 論政大綱 搭陽屋

財政四綱

銀行

著名銀行設立年代考

國名	銀行名	設立年代
伊太利	威尼斯	一一七一
瑞士	材牌耐	一三四五
西班牙	配舍咯那	一四〇一
伊太利	析努阿	一四〇七
和蘭	阿姆斯坦達姆	一六〇九
同上	哈姆龍兒噶	一六一九
同上	陸達兒達姆	一六三五

同上	司託克花兒姆	一六八八
英國	英蘭	一六九四
同上	蘇格蘭	一六九五
丹馬	哥賓泄琴	一七三六
獣國	伯林	一七六五
英國	愛爾蘭	一七八三
露國	聖彼得堡	一七八六
東印度	東印度	一七八七
合衆國	北美	一七九一
佛國	佛蘭西	一八〇〇

各國在華銀行

各國在華設立銀行之較著者摘記概要如下。屬於英國者三。一曰滙豐銀行。資本一億五千萬元。總行在香港。分行在北京天津漢口上海青島哈爾濱大連。二曰渣打銀行。資本一百萬元。總行在倫敦。分行在漢口上海香港青島營口。三曰印度商業銀行。資本一千五百萬元。總行在倫敦。分行在上海香港。屬於法國者二。一曰滙理銀行。資本一千八百萬元。總行在巴黎。分行在廣州上海漢口北京天津。二曰中法實業銀行。資本二千萬法郎。總行在北京。分行在上海。屬於德國者一。即德華銀行。資本七百萬兩。總行在柏林。分行在香港北京天津漢口青島濟南。屬於荷蘭者一。即荷蘭貿易銀行。資本四千三百六十五萬元。總行在亞爾吞。分行在香港上海。屬於俄國者一。即華俄道勝銀行。資本三千八百萬元。總行在聖彼得堡。分行在香港上海漢口北京天津大連長春哈爾濱。屬於比國者一。即華比銀行。資本五百五十萬元。總行在北京。分行在香港上海天津。屬於美國者二。一曰花旗銀行。資本六百五十萬元。總行在紐約。分行在北京上海。二曰華美銀行。資本六百萬元。現在籌辦中。屬於日本者二。一曰正金銀行。資本二千五百萬元。本行在橫濱。分行在北京天津上海漢口廣州大連哈爾濱青島香港。二曰台灣銀行。資本二千萬元。

六年

新組川圖

部[illegible]從根據各國的國[illegible]圖

設一機[illegible]於[illegible]成

七年五六月[illegible]成[illegible]以[illegible]圖[illegible]世[illegible]中國[illegible]圖[illegible]

[illegible]提[illegible]（[illegible]）

[illegible]（[illegible]）

[illegible]一千[illegible]

九五一一與[illegible]論

[illegible]與[illegible]

謝榮之洮熱及洮熱至海岸路均入於拙圖

吉會 鄭家屯洮南 開原吉林 吉長 四洮 錦朝 四平郭

鄭家屯路在於外

九日四國以後時於拙圖總之居於中國早至後一段附於拙圖研中

因之計畫得實行通無我

◉國府公布交通銀行條例 十七、十一

國民政府十六日將修正之交通銀行條例公布如次、(第一條)交通銀行經之國民政府特許、爲發展全國實業之銀行、依照股份有限公司條例組織之、(第二條)交通銀行資本總額、定爲國幣一千萬元、分爲十萬股、每股國幣一百元、除政府於資本總額中先後認股二萬股外、餘由人民承購、交通銀行因業務上之必要、須增加股本時、得由股東總會議決、呈請財政部核准之、(第三條)交通銀行設總行於上海、幷於實業上必要區域設立分支行、或與其他銀行號訂立代理契約、(第四條)交通銀行股票、概用記名式、其買賣讓與、以有中華民國國籍爲限、(第五條)交通銀行營業期限、自本條例公布日起、算滿三十年爲期、期滿時經股東總會議決、並經財政部核准、得延長之、(第六條)交通銀行受政府之委託、得經理左列各項事務、㊀代理公共實業機關發行債票、及經理還本付息事宜、㊁代理交通事業之公欵出入事項、㊂辦理其他奬勵及發展實業事項、㊃經理一部份之國庫事項、(第七條)交通銀行經財政部之特准、得發行兌換券、但須遵照兌換券條例辦理、(第八條)交通銀行得爲左列各項業務、㊀國家地方或公司債票之經理應募或承受、㊁國家地方或公司債票及確實股票爲擔保之放欵、㊂實業用動產不動產・及實業繁盛地域不動產爲擔保之放欵、但放欵總額不得超過已繳資本二分之一、㊃商業確實期票之貼現、㊄收受存欵、㊅信託業務、㊆代理收解各種欵項、(第九條)交通銀行除第八條所列各項營業外、不得經營左列各項及其他事業、㊀無擔保品之各種放欵及保證、㊁收買本銀行股票、並以本行股票爲擔保之放欵、㊂買賣不動產、但業務上必要之不動產、不在此限、(第十條)交通銀行設董事十五人、監察人五人、由財政部指派董事三人監察人一人、其餘董事十二人監察人四人、由股東總會商股股東在百股以上之商股股東中選任之、董事任期四年、監察人任期三年、期滿得連選連任、(第十一條)交通銀行設常務董事五人、由董事互選之、並由常務董事中由財政部指派一人爲董事長、交通銀行設總理一人、由常務董事中互選之、呈請財政部備案、總理有事故不能執行職務時、由常務董事中互推一人代理之、(第十二條)交通銀行之股東總會、分爲左列兩種、㊀通常股東總會、㊁臨時股東總會、(第十三條)通常股東總會、每年於總行所在地開會一次、由董事會召集之、(第十四條)董事會認爲重要事件、必須會議時、可召集臨時股東總會、(第十五條)董事會遇有董事過半數、或監察人全體、或股東總會會員五十人以上、並佔有股份全額百分之十以上者、因重要事件、請求會議、可召集臨時股東總會、(第十六條)股東總會時有十股以上或代表十股以上之股東、於開

中俄會議之道勝銀行問題（素園）

中國政府與道勝銀行、於前清光緒二十二年七月二十五日訂立入股夥開合同、以庫平銀五百萬兩付該銀行、夥做生意、合同內訂明所有賠賺、照股攤認、同日另訂建造修理東省鐵路合同、所有建造修理一切事宜、派委道勝銀行承辦、所有華俄道勝銀行各單摺、原存戶部、庚子之役、聯軍入京、衙署被焚、全行遺失、後經戶部咨行總理衙門、轉飭該銀行在案、此後該行逐年繳付息金、均由中國政府撥作教育經費、至宣統二年、該行未得中國政府同意、竟與大北銀行合併、並變更資本公積之數、函報中國政府、經中國政府一再提出抗議、並要求依據合同第五條、清算本息、照數歸還、取消合同、後因中國政變、繼以歐戰、遂致案懸未決、惟民國元二三五六各年、該行仍照繳利息、此後道勝銀行藉口歐行受政治影響、不能結賬、停止付息、民國九年十二月、該行來函稱、自一九一七年以來、不能分配利息之原因、祇因俄國內部狀況、致總行決算不能編製、因此無由分配股息等語、民國十年四月、財政部公債司衛幫辦詢據該銀行代表貝蒂琴聲稱、道勝銀行自俄國革命後、該行在俄境行號、均落於過激派政府之手、所有資產盡被沒收等語、近來中國政府屢向該行北京分行要求結算本息、該行並無確實答覆、綜計中國政府所握該行之債權、爲㈠股本庫平銀五百萬兩、㈡公積庫平銀十七萬兩、㈢清算款七十一萬二千六百羅布、（此兩項係道勝與大北合併時報告之數）㈣利息二百七十萬兩、（光緒三十四年、民國四七八九十十一十二十三各年、每年平均約三十萬兩）現中俄會議我國方面、以蘇俄政府既沒收道勝銀行、歸爲國有、則中國政府在該行之債權、自應由蘇俄政府負責、已對俄方提出要求兩點、（甲）蘇俄政府須擔保履行道勝銀行對中國政府所負之一切債務、并須包括在沒收道勝銀行法令頒布後所發生之一切債務、（乙）蘇俄政府須擔保償還中國政府庫平五百萬兩、即中國政府在道勝銀行之股本、或須用別種方法、承認中國政府前項權利、聞俄方對此尚無允諾表示、

徵信所

起于上海時在民國二十一年日人入寇之役

銀二

中央銀行

十三年發行改為

十七年發行券

墨西哥銀入中國
由西班牙人之手

幣價

幣價提要

「幣價」一包，不分札，共二十九頁。大部分是剪報，也有十餘頁手稿，可能是吕先生尚未歸類而臨時捆紮的一包資料。

此包札録，天頭或紙角上也寫有「錢」「幣」「物價」等分類名稱，資料的摘録大都很簡略，除了第二二六頁「錢之用」是摘録崔述《讀風偶識》裏的資料外，大多在題頭下注明資料的出處，如第二二七頁「嘉慶校康雍時幣輕至三倍」注見「《經世文編》九」，第二二八頁「白米每石銀四錢」注見「(張英)《聰訓齋語》」，第二三一頁「唐前後米價貴賤」注見「廿二20」(即趙翼《廿二史札記》卷二〇)等等。

「幣價」一包，内有許多剪報資料，此次整理只收録了其中一部分；札録部分仍按原樣影印刊出。

生計

◎米價之今昔

老圃

昨閱同治年舊申報見當時米價每石二元有奇此價在少時習聞之猶憶二十餘年前米價每升漲至七十文鄉民大譁搶米者紛紛矣然近日米價約每石十二圓上下以銅圓市價核計每升約須二百五十文視二十年前最荒歉之年又增至三四倍同治以前無報紙可稽父老相傳洪楊亂離之世米價每升自二十四文漲至一百文餓莩載道談者猶色變也洪楊以前每升或十八文有低至十三文者然曾食十三文一升米之老人今世殆不可見矣更溯而至明朝則米價更賤據王圻續通考洪武二十八年每銀一兩折米四石王文傳載蘇松漕糧文請每米四石折銀一兩民以爲便正德二年吳縣申報米糧時價文書白米一石紋銀二錢又申文定與其子家書曰吳下大荒民不聊生米價每石貴至六七錢汝在京作御史可速上疏請皇上振濟云云金罍子言嘉靖癸丑京師大饑人相食每石米值二兩二錢則明時最貴之價與同治年之價略相等其最錢之價每石僅值銀二錢耳更溯而至唐朝則米價更賤開元全盛之日每斗米值錢三文元次山集稱米一斛估四百爲貴每石亦僅值八百錢耳更溯而至漢朝則米價更賤漢宣帝時每石穀值錢

生計

上海掌故談

覺迷

上海物價　上海物價之貴。至今日而極矣。余考上海志乘。上海物價。實以前清康熙年間爲最賤。　如康熙四年。上海花豆俱荒。而米價甚賤。每擔只銀兩許。合之今日銀價。只須一圓數角。五年更賤。每擔只銀七錢。六年尤賤。每擔只銀六錢。合之今日銀價。每擔米價。不足一圓。二十五年。雜物大賤。肉一觔二十二文。棗一觔十二文。胡桃一觔二十文。糖一觔亦二十文。栗橘一觔十五文。桂圓一觔。須銀四分。稱爲最貴矣。三十一年。雜糧大賤。小麥每石三百文。圓麥每石四百文。蠶豆每斗二十文。菜子每斗五十文。三十四年。魚肉大賤。時魚大者。每觔十文。池魚每觔亦十文。鮮肉醃肉。每觔二十文。而康熙十五年。物價號稱極貴。雞子一枚。須銀一分。然與今日相較。尚覺相差甚遠也。

上海米貴史

（覺迷）

今日上海米價。每石竟需十八九元。合之制錢。直需五十千文左右。而余考之志乘。則上海米貴之事。無代不有。而最貴之年。莫如梁代天監元年。蓋其時米每一斗。值錢五千。是一石之價。直與今日相彷。其後即逢大旱大水蝗蝻之年。米價號稱極貴。每石不過銀五兩及錢七八千以至十數千而已。今將歷朝米貴之年。彙錄於次。想亦留心上海歷史者所亟欲覩者也。

梁天監元年。大旱。米一斗。值錢五千。人多餓死。

宋建隆九年。大饑。斗米千錢。道殣相望。

明嘉靖二十四年。大旱赤地。米價騰貴。每石值一兩六錢。

崇禎十四年。大旱。米涌貴。斗米值銀三四錢。十五年春蝗蝻生。米遂騰貴。斗價三錢九分。時錢法濫惡。每千價三錢六分。則每石之價。亦需十數千也。

清順治七年飢。花米騰貴。米每石五兩。康熙十八年。夏大旱。米價湧貴。每石二兩四錢。四十七年。春正月大雨。至夏五月方止。米鹽盡貴。米每石二兩八錢。乾隆十三年。自春徂秋雨雹。傷豆麥。米價騰貴。每石三兩五錢。五十年。夏大旱。花米價騰貴。米每石四千文。道光三年。秋七月大水。禾稼盡淹。米價騰貴。每石六千文。十三年。夏秋間霪雨。木棉歉收。禾稻不登。民飢。米每斗七百五十文。二十九年。夏四月二十九日。大雨。歷五旬始止。米價騰貴。每石七千文。咸豐六年。夏大旱。米價湧貴。每石六千文。

米貴之年。既如上述。而志乘又載康熙五年秋熟。米價大賤。斛米二錢。是一石之價。只須四錢。則今日一石之錢。可於是時購米至三十四五石也。

貨幣

十五年前之蛋價

卓·

同寅成君。曾奔馳燕冀晉豫。所見所聞。至爲繁夥。星期無事。偶與談及生活問題。成君感嘆之餘。並爲余述一故事。

余（成君自稱。以下同。）於宣統三年冬。由石家莊入娘子關。某晚。抵某村。覓店舖。不獲。後遇一老嫗。遂借其家爲居留。向彼購雞蛋五枚。以資果腹。問其值。曰。十五文。余畀以十五文。老嫗喜出望外。詢老嫗以故。老嫗曰　余今日得發財矣。本地雞蛋。每枚只值二文。余玆每蛋賺一文。其快慰爲何如也。

以視目下之蛋價。相去何止數十倍。可畏可懼。再後十五年。誠有令人不可思議者矣。

時事新報

生計

釧影樓日記之半葉（笑）

三月十六日、周嫗自蘇歸、攜來枸杞可半小籃、芬兒在蘇讀書、知余嗜此物、購以餉余也、云蘇州菜蔬、較上海爲廉、枸杞近日時價、每兩僅售銅圓五枚、上海市場、尙需每兩銅圓十枚、聞初上市時、有售至每兩銅圓三十二枚者、則每斤須銀幣兩大圓矣、菜蔬之不論斤而論兩、自近歲始、廻憶當余十五六時、枸杞初上市、每斤僅售制錢二十四文、若售至三十餘文、則詫爲奇昂、吾母雖常茹素、决不敢食、或僅購四兩（四兩以下、菜傭卽不肯售）以供祖母甘旨之奉而已、若金花菜、則一小錢、可購兩紮、約斤許、今日市價之漲、何止二十倍、然再越十年、芬兒之每兩枸杞、僅購銅圓五枚者、將羣驚當時市價之廉、亦如我今日追溯二十四文一斤之枸杞、發爲喟歎也、一五·三·三一

生計

及將予祖母所述四十年前之一般物價錄出數項以供參閱蓋一極有趣味之事也吾人生不能逢其時惟有羡之妒之耳

米一千二百文一石　麵十四文一斤　柴五十文一百斤　炭荚三文一枚　肉五十六文一斤　魚鯽魚六寸長三十五文一尾　油三十六文一斤　燒餅三文兩個　鷄蛋四文一個七文兩個　鴨蛋六文一個十一文兩個　粥三文一大碗　糖三文一包(約二兩)　酒十八文一斤　餛飩六文起碼　茶七文一碗　薙頭八文　粗布十六文一尺三百文一疋　醫生出診一百二十文名醫　雨傘五十四文一把　廳屋每月租價七百文　緞帽二百文一頂　布鞋八十文一雙　成衣工六十文一工供膳夜工一百文　泥水木匠均一百五十文一工自備膳

以上所紀僅其大概讀者諸君試思較之大商店中大廉價時之價值爲何如一笑

生計

三十年前之湯糰紀聞

卓

生活程度增高之呼聲於今爲烈矣而人口之生產時有增加以有限之地力養無限之人口來日大難此有心人所以俯仰興嘆顧追溯三十年前之生活程度益不禁令人豔羨不置昨邂逅舊友江君談及生活問題彼云距今三十一年以事到泰安城外設湯糰攤者頗多有一孩童出制錢八文購湯糰攤主予以湯糰兩顆鷄蛋兩枚旁觀有雄赳赳者遽敬攤主以雙拳詢其故則曰攤主不公允欺孩童也鷄蛋每枚僅值一文半錢湯糰每顆值二文如此貪小利安得不打他江君語至此余不覺大笑夫鷄蛋一枚目下須六十文矣於此可見三十年前與今日之物價相較不啻爲一與四十之比而將來之昇漲又爲意中事今之人其何以生活乎

錢

錢之用

蔡述讀風俗通，謂予物財本無所出，久乃合為民之一二，近古
其葬朱邸之程，因祖別市繒為貨幣，以分邦郡，掌民
廣明之際，皆為兩之，畢為唐，勿亦標力，即民之以分力以
錢但為質量，以明人不言錢之不令，錢若干年，兼質卿
其所為鎔鑄，需用日增，非從其錄，買賣中更，今分
以錢數之出於所一路，其法得為風俗草之所據

嘉慶較康雍時幣輕至三倍

臣伏觀康熙以及乾隆之初行用百物之估

揣之於今大率一〇益〇兩〇三〇桂芳御製詩後

之際訪茶跋經世

九分兩

條

白米每石銀○錢

見聽訓齋語 此當作於康熙三十六年

幣

黃爵滋請禁煙疏近來銀價遞增
每銀一兩易制錢一千六百有零

中 物價

十月
十七年泌同書一石〇千二之至〇千七之；之〇千五百文

劉晏傳千・戎軍十千五百

光緒三年之飢斗米〇千 今則斗米二十千

千

一 廿七 20

庚萬以出價至鋪

通考

石林葉氏論古人

錢儀之异

社會

社會提要

「社會」一類的札録，原一包，不分札，内有八十餘頁手稿和一百餘頁剪報，疊放時大致是後録的放在上面，故最前面的是吕先生晚年的讀書筆記。如第二三三、二三四頁「私有財産之出現非由暴力」「政權之興」等，都是讀恩格斯《反杜林論》筆記，稍早的則是讀《社會構成論》《資本論》等其他史籍及報刊雜誌的筆記。

吕先生的札録，天頭或紙角上通常標出類别名稱，如「社會」「封建」等；大部分札録寫有題頭，如第二三五、二三七、二三七頁的「奴隸」「政治權力與經濟權力」「雇傭勞動制」等。抄録的資料，詳略各有不同，有些是節録原文，有些在題頭下記録書籍的篇名卷第，如第二三五頁「《反杜林論》208」，第二四七頁「《社會構成論》頁35」，第二七一頁「封建無郡國」引《隋書》注見「六三2上」(即《隋書》卷六三第二頁正面)。有些札録先生還加有按語，如第三〇〇頁「國家即都市」，先生加按語「古内城無居民」。其他如第二五四、二五七等頁，也有長短不一的按語。

「社會」一包的剪報資料，此次整理只收録一頁剪報；札録的手稿部分，均按原樣影印刊出。

社會

（經濟公社之主權唯由羣衆）公社是都市中人之義務
產共有權關係者也 原始農民之私有工業公有
其社會財產全無平等 公社土地劃限財產
並設工所得集之之 富有之之專制權
之之產機組織維持經濟不在社會之社 大
工業組織之社中 富國之工業現場組之
則私有財產之新潮流中之生產之發展傳統之
之理想之化 原子按勞動者共產主義可以實行與
原因與羣衆勞力無關 按勞分按勞之第 必信條
先在於矣（見杜林論）

一、私權[redacted]之興

農業公社內平等共耕　但屬于社者有共同利

蓋由人人係族姻　領袖年高　則以其經驗

迥　看管的隊　富於儀節　然之權

而私權發芽　得益者有財產　共同

生產力增進　人口繁殖　又公社制度之衝突　引起

新機器之使用　以後設　此權原當分別公社[redacted]　以為私

非材料代價[redacted]

[redacted]

故改為領收之農村　此社會轉移之遂行（見林206）

札録

惟如欲使營業工業能力取模於工使本營業能發達

學 無如欲發達本國之國學 藝術科學 無

所有之因（日本208）而發制作之方法

生 生產力須為生殖之剩餘時然後須於工

使勞之藝術等使勞力勞動材料權於之 如領等

地位 是以科學藝術 如能保學之發達 此外於工之法則為物質之工業材料（327）

產之不當居中材料證明 於生產力於營業所得

此皆勤於破壞 一切物質 均取改進則制

諸經不僅有緣且與各社會畫層之階級

209

以政治權力与經濟權力
政治權力和宗教權力所謂社會權力　更進一層之目
以懷疑國家主人　要此可以經得其歷史方向而行
亦可為之之之成效　雖無能順　出於同化者之
二方面實在無關所需而不可見也

社會生產當以精華分

二社會當存其中剩餘一部份一層消費且可用以生產

分配一即社會生產當以精華分　配

原來上層特權階級財產　改從使移植神權

單純下層特權階級　今當使其不能存在

社會之分精華 223

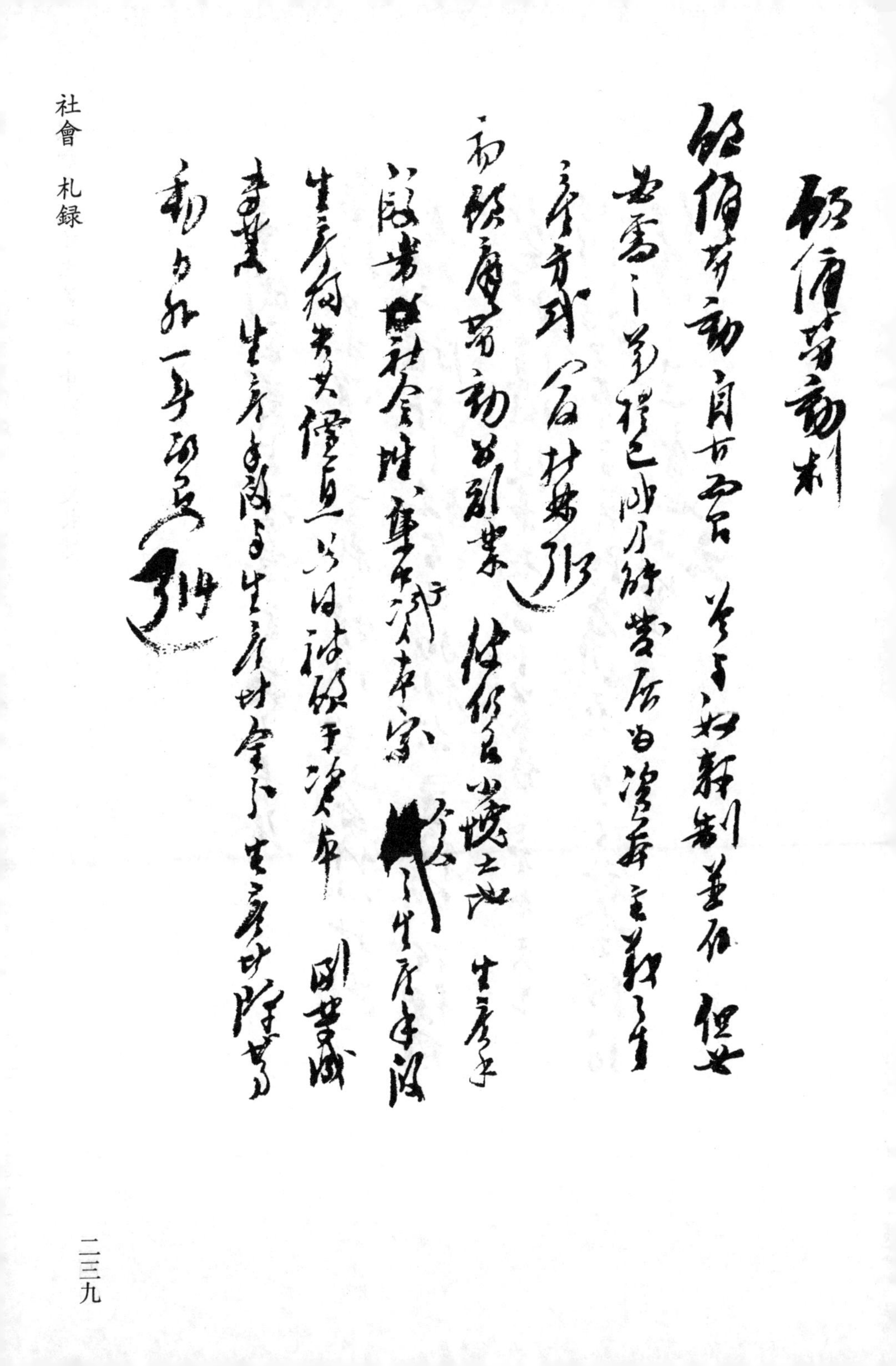

頌侯尊兄鑒

頌侯尊兄自古云 若子好新制華作 但安

為之一變程已以乃所當居當資本主義

主義 [illegible] 村婦了

而頌侯尊兄努力事業 惟頌侯以發達之 生亢虎

以改良社會性質事業亢虎家 [illegible] 生亢虎手

生亢虎何其僅自以謂頌乎資本 別案識

事業 生亢虎手啟 生亢虎財産 [illegible]

勤勞一年 [illegible]

帝國主義與資本主義之宗旨

自由競爭為資本主義之特性 而此時代以壟斷

為特性以壟斷之聯合如加特爾 辛狄加 托拉斯

等出於自由競爭而生之集中 帝國主義

此則資本主義轉移更高之社會經濟

組織之過渡也 列寧云

資本主義

機械之生產手段集中于大作坊——由个人的占有而

社會化的

資本家以生產手段之主人占有生產品 僱了

勞力者而 生產為社會的 而商品為占有為个人

的 自由競爭經濟（一）代社會一切事件

即（一）生產者與生產手段分離 無產階級之發生

產階級之分化

（二）个別生產之社會組織變為全體生產之

無政府狀態之事件 （三）世界市場開拓則之被

一、封建 生產之方法 則地主貴族對農民人身[illegible]之由[illegible]

盾 生產之剩餘即是生產者[illegible]

于是生產、交通大擴大 生[illegible]以[illegible]而[illegible] 且[illegible]

以純粹剝削而得國家 生產者附從於地主 附從者

社會[illegible]解放[illegible]之[illegible]其[illegible] [illegible]

要求其 附從權 取得生產手段 解除其為資

本之作用

然生產業者使地主階級成為[illegible] 國家[illegible]

不能脫離國

人的論斷

生產自身之后時，排着有些家，这生有有动沙全声……

平一沒全…… 冊價不新 …… 邓邓……

…… 法施……

此…… 土地生成……

…… 事思……

人而……定有肾慨判 …… 人才之所……

……縣字一而之二、密石去 ……

杉而技术 …… 新生生新个自助打自该计

械 出使人以機械

大工業及使人淪爲機械

呂覽君守陶瓦之南城所而能經子本傳

一案 [redacted] 以

此爲許鄭舊解也知其禁矣 證子傳注等即

要本康璫鄉刊 立重要經中可案（五）

書集P.240－P.242還

樹義讀國學工之國學書之 指導書某某

唯保存古書之工具 且力求集古書之書

當年則上人所作之，又失緒全六經之義矣

（附）

此方法宜地盡氣相爲然　且諸等書籍之周至

舊稱儒學於城市開藝業書演之

則西人之業時常往復用勢而仔細得（附）

社會

筈會題神
曲而能達
急轉而況
一定之法

錢振倫擬作

見矣夫孟子卽甘爲管仲已無
疑於君命之召故終言以決之
人爲口實也吾謂古人難以概
猶有不卑者存乃獨責高自期

庫頁島世外桃源

時鐘四十年前早停了！

△合衆社莫斯科二十二日電 日本投降後紅軍進駐南部庫頁島，忽發現一久被遺忘之世外桃源，該處住有俄人九十七人，其衣飾服裝與半世紀前之俄人完全相同。俄文貿易報之特派記者邏丹撰稱，「在此俄人部落中，時鐘於四十年前即已停止。」部落中人對近年來蘇聯之一切變動均毫無所知，彼等繼續度其古老生活，一如上世紀移殖來此之祖先然。村莊之名曰阿拉蓄里，小屋係木造，中俄羅斯之民風顯然可見。屋中用具有薩莫伐（俄式茶炊）及自屋頂下垂之搖籃等。菜肴爲白菜及酸白菜湯，彼等之祖先究於何時移殖來此，彼等已不復能記憶，自彼等來後，庫頁島已開始種植大麥及裸麥。彼等均係優秀之農人，牧牛騎馬，無所不能，且能製造牛油及奶油。該處有朝鮮人約三萬人云。

卅五・四・廿三 聯合晚報

說之人爲矣況天下之變則不得不一暴平生之素志而凡挾權
勢以相攫者其亦無藉煩言矣湯與桓之不敢召以其臣之不可
召也管仲且猶如此而況道心醇粹方欲以仁育庶物拯斯民於
憔悴之中以視懷遠招攜仁而出於假者器孰重而況道力堅凝

社會

隋韻成眼
一不看屢人同多相吐處隋摩中不不盈　日韓日以
　　　傍則多　直斷處不各計未　一百分類隋傍
眼事　死生類言　以黑隋韓以以附計辭多多巳則
凡黑私多隋韓他用撤手明多女至　人韓生宗眾既時
得目私普田果等別　此特聚陽附如眾多多智事
但
凡忽傍加隋世拊時　愛附眽　（林多拊眽偕多矛）

移

漁獵 狩獵 五穀 射夫陸年獲亨於狩獵之勝劉陽

漁獵紀之漁民 緣捕

社會

（社會團體）謂之精神體　人心之結社之條件爲要件
又曰之

社也者互之集團之結合也其結合必爲社會團體之最
故常有相互影響以結成一定之社會狀態也

地緣（地域社會）
血緣（血族社會）而成之者乃作團爲本
團體　血緣（血族社會）
衆人之結合
利益同（目的社會）又因財產之自由結合之社會

團體者乃相率共同成立之相接續　意志相合者　又代其族
以血緣爲基　經濟宗教上　等關係之上

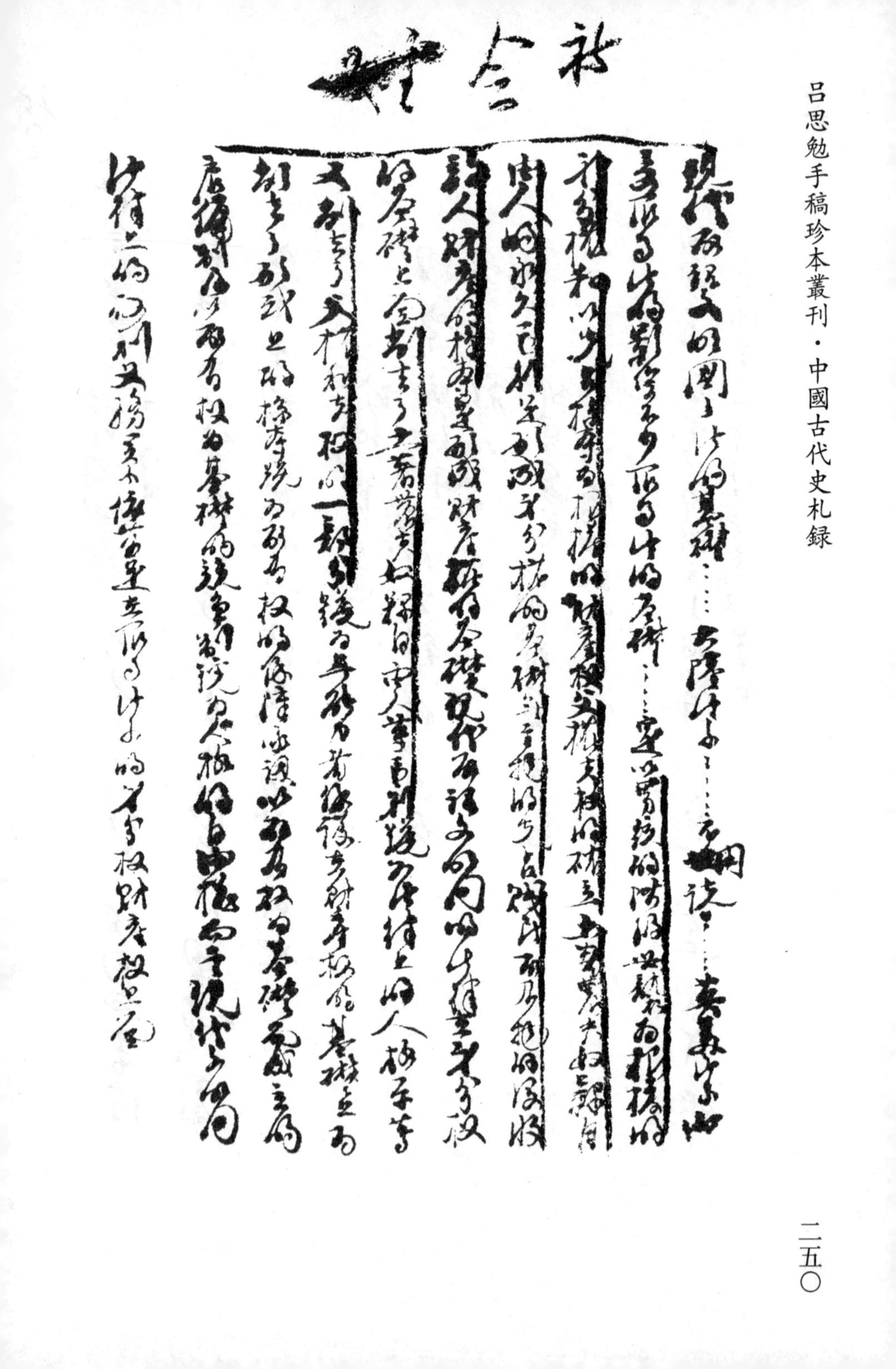

社會[illegible]

[illegible]

[illegible]

[illegible]

[illegible]

[illegible]

[illegible]

[illegible]

[illegible]

[illegible]

[illegible]

(婚姻)兩性結合[illegible]不由个人的動機而是依[illegible]形式　因其由性

對於[illegible]兩性[illegible]一[illegible]協和[illegible]

[illegible]女　家庭中間[illegible]　[illegible]生活

[illegible]一夫一妻　不[illegible]

一人[illegible]

[illegible]　家庭中[illegible]　[illegible]地位

(父系父權父族)[illegible]　世[illegible]

[illegible]

(母系母權母族)[illegible]女[illegible]

(雙系[illegible])[illegible]男[illegible]

男[illegible])母權母女[illegible]

家族

[illegible]　家庭

(採集)[illegible]遊牧[illegible]

[illegible]　家族共[illegible]

[illegible]　(耕種)[illegible]　農業

(漁[illegible])[illegible]

(野)　[illegible]人[illegible]自[illegible]

社會

商業資本主義

波格達諾夫等提出　彼輩謂此時代即歷史上發見於第彩之時代，且日在西南歐始於十三世紀，在西北歐始於十四世紀

蘇聯史學家波克羅夫斯基從之，所作《俄羅斯史略》《史學與階級鬥爭》謂商業資本造成俄國貴族經濟及農奴制，建立俄羅斯帝國。商業資本十六七世紀最盛時，地理上大發見之時也，謂之商業革命。

夫封建、資本主義社會各有其生產方法，商業資本無有也，任何制度下均存在，封建資本主義皆然，止要有交換關係耳。其業舊生產方法國民經濟起分解作用，使生產向交換價值方面發展，範圍擴大，種類加多，普遍化，貨幣成世界

同然其體解之程度何以為生產方法自身之性質所衡之程

度及其内夫商業資本只使舊生產方法解體而不能生新生
部之構造促進封建崩潰資本主義代
產方法者也與其資本主義非其所造也

社會發展說之祖，曰：整理史事以定人類社會發展之法則者，始
維若柯　其所作《諸國民一般天性之新科學原理》，擬於民族
相同之發展過程以說明歷史發展之規律。其說將人類
天性分為　神話（民族）　英雄（封建）　人類（資本主義）前等時期之時代。此
觀念論之解釋也。
彼歐洲中世紀時代（至譜）以為人類歷史乃神定之一種秩序，以之觀
念論，其出以理知代上帝而已。（勉案：亦可云等此所云之上帝本即理性之化身也。）康
德云：歷史由神學（古）、玄學（中）紀，以實證命後，法等原則之體現也。至
黑格爾而集其大成，謂歷史發展向理性所定之目標進行。歷

史介腳之綜合即世界精神也　彼所謂世界精神者東方世界希臘世界羅馬世界日耳曼世界是也　惟其自發者為之不知原理僅歷史指出而以原理為別一物支配歷史矣

今之新休謨主義新康德主義至於兌主義流行於英美等資本主義之國皆即此種學說也　彼等以生理史觀物理史觀研究歷史　彼輩以生理法則為人類理性發展之原　而即社會發展之本　而於人與人之關係人類之社會生活則忽焉其法則歷史發展之法則降為生理心理之法則矣　生心理自然環境等之影響亦被人認為地理的——隱蔽一般性多之諸要素（如等所重）

封建制

不論其剝削者爲貴族、爲農奴抑地主、爲農民，但其本質爲土地所有者對耕種者超經濟剝削，即爲封建的剝削

列寧論其特徵云

(一)自然經濟之統治　自然經濟非無交易，雖有交易立市場，用錢幣於自然經濟之統治並無矛盾　消

剩之餘可爲商品，但無商品生產耳　此

時之商業寄居而集中於奢侈之物也

(二)生產手段分給直接生產者，土地尤要　生產者且附著於土地

(三)農民對地主人格的依存，所謂超經濟的強制也，強制之形式程度各有不同

（四）技術低暑守成例，以窮困，又人格依存而習之。暫個封建時代生產力固大有增加，然其速度殊小。直接生產者為小規模之個體家庭農家，是為農民或手工業者。生產公社國家之保存，推牧場而已。生產規模之小為封建與奴隸及資本主義社會相異之點。故無勞動分工，家庭生產剩餘甚少，所剩餘又為封建地租，故為單純再生產。然是時農民有其耕畜工具，手工業亦有其工具作坊，資本主義與此等生產條件皆與生產者分離，生產者乃成無產者。然土地為生產最重要條件，故獨占土地者成支配階級。土地所有權為剝削無勞動生產品之基礎。地租無經濟原因之，而共同沿廿權力由過繼而下。然農民則受剝削並封建時代最殘酷之剝削方式，民為農奴，然農奴時代非無自由農民也。其占有權為法律所定，可以出賣其土地，人格上依存於地主者，亦願服從，即可服從所服地稅役而已，並仍認地主為土地之最高所有權，其農隸款，而此等農民不如減

常言民業訓俠通常事係亦為此

農奴與自由民間仍有許多等級

封建地租與資本主義地租何以異

封建地租者，封建時土地所有者以超經濟方法占有生產者之剩勞動及勞動所生物品者也。資本主義地租者，農業資本家以逾於平均利潤之企業利潤給與土地占有者，於平均利潤將移

封建地租之得復物品錢鈔，復得地者最後原始爲己，反爲地主勢豪
錢之物品爲生產者所下財貨　貨幣則封建生產方式已向
貨幣矣，此中有一部分生產者已爲商品矣　商貨買以此三者
爲封建地租貨幣化之過渡，見資本論卷三第四十七章第二第三第四節
錢幣地租與商業城市工業之錢幣流通皆有關係　雖然其係
賦役與契約關係　其錢幣貢賦多爲小私有者或所成爲
一、奉時有之僱農（物品貨幣地租使一部分農民有積蓄者也　地主農民大貧成此部分以雇工爲生且落於少錢都　納稅時因得錢而賤賣其物亦有不利）
三、逃亡存在者之逃避者亦有
或租物品復得地租乃封建時舊奴制之變非　曾爲奴制與封
建制同時，但爲封建制中奴制最後殘餘者而已

封建者 最高權力與土地領有權之合一 以有條件之私有權代完全私有權 諸侯地主間之梯級制 君權分散 中央政權薄弱 小規模政治單位獨立 契約要係代替臣屬契係私法性

封建之界說 自社會學派始越出政治法律之範圍而至於經濟且超出中古歐洲之範圍

西歐之封建 第一時期始於五六世紀終於九、十世紀 此其形成時期最初階段也 自然經濟盛行 前一社會形態殘餘甚係自由農民僅逐漸農奴化而已

第二時期始九、十世紀在十、十一世紀之交 一部始九世紀 大體到十五世紀末也

其發達時期也 基本矛盾顯焉 時則直接生產者屈服於封建的剝削 城市與鄉村分離 城市農村皆与封建主鬥爭 政治集係封建割據 至此時期之末 許多國家乃已 如法西班牙

第三時期為封建專制主義時期 資本主義生產方式發生 封建主義解體 已大多數國家實行專制君主政體形式 資產階級學者以十五世紀末為封建主義之終結 所據於人本主義宗教改革地理發見等 馬克斯主義者以資產階級之革命為封建形態總統治之終隆始資本主義形態總統治 資本主義革命最深刻於十八世紀末法國之革命也 故以此為封建之終結

於封建之起源 則大致分羅馬派與日耳曼派 前者以為封建

制度生於晚期羅馬帝國秩序中　个人私有權　大土地所有
制　農奴　莊園等之皆是
以此謂中世紀封建乃日耳曼人之發展
馬克斯主義者謂(一)羅馬蓄奴經濟(二)日耳曼人民族公社解
體而日耳曼人征服羅馬帝國則結合此兩過程而產生封建社
會形態者也　自由農民制度　古羅馬帝國若負債農民之辦
法人稱上自由但須年貢於領
重以服役以若禁其脫離地位而束縛之於土　大土
地之上失人必服役者與此中世紀農奴先河庇護制度地領
有此支配人民遷徙時代日耳曼人(A)民族貴族之形成(B)
之政治權力
勞耕地奴隸之剝削(C)民兵之成立則封建制度之萌芽也但
以大體言之則晚期羅馬何為蓄奴何日耳曼人何為游牧前
期耳

在羅馬奴隸與自由農民聯合推翻富奴非能多脳河流域之西高持人之叛
奴隸技之河枝里洛之伏豪大利奴隸多降其佃服南高盧西
西班牙與巴高德人之叛亦有関係尤斯丁尼安之責援八如
主及革命之劃時勝利至蒼成已
抗服豪大利而奴隸革命告終
而封建主義成為支配社會之形態焉
巨大領土之獲得土地之分配於日耳曼人自使日耳曼有上之貴族加強
日耳曼諸王以廣大土地分其侍從羅馬富人之莊園奴隸及自由農民皆屬焉
此則奴隸多令未使剝削經此僅改易其形式耳
至此則日耳曼貴族殘餘之羅馬大土地領有者成為支配階級

日耳曼人之征服遺留下廣大之自由農民與自由農民之逐漸農奴化則早期中世紀史之主要內容也

早期封建主義　羅馬人多羅馬法俗盛行之處羅馬帝國南部　日耳曼人鄉村公社馬初能護在北方不列顛高盧北部德國境內公社制度總个中世紀仍保存　民族的聯系民族員之保護　民族對其成在大遷徙及移居羅馬帝國時業已氏解　國王權力獨、大土地領有地得

日耳曼農民無可如何只得將其地又向其領有者作為祖地以某種服務條件收回租佃關係亦成世襲

尚有自由之佛郎克亦多羅馬自由農民向顯庶教堂求其保護失人於自由變為農奴焉

國王給大土地領有者尤其教會以免役權而其居民仍向其納稅受其裁判權官吏利用地位使自由農民服屬於己亦成為大土地領有者享有廣泛之政治權利且世襲焉自由農民與不自由半自由村匯合成農奴之原此一過程延續數百年　雖到處時有相當自由之農民然多承認大土地領有者對土地之最高所有權而納稅或奉貢焉其次職業的騎士成為主要階級此后支配階級軍事淵藪農民集中於封建主及其侍從手中農民但供養之而已　貴族之政治作用日增自支配其民之力益強

封建主義之基礎也　莊園中領主自有之土地約三之一或三之一餘即農民地段亦由農民世襲領有　然通常世襲莊園時農民公社對於森林牧場荒地捕魚漁撈之地皆公有耕地亦互錯綜收穫之後即為牧場全私有時僅宅地及園而已雖領主之地亦與農民之地交錯

村社組織在封建莊園內仍保存封主利用之封建義務之履行相互保護完納地租　村社集會成為莊園之議事庭所收罰款稅捐皆歸領主　村長對村社所擁莊園之代表亦領主之責　又有領主所派辦事員　然村社究為農民組織有反抗封建主之作用　封建主所利用以留作固定制度法律把持田

係諸農民完租　村社在許多國中早經消滅羅馬帝國曾特盛之地尤然。在德法英皆盛

封建階級之政治組織　凡領主皆有政權，行政、裁判、學術、收税、地租、税与貴族者有武力、城堡、封臣，以此成其割據。諸領主相互間之關係立於條約上　此自國王而下，成為階級制，於國王有名義而已。領主與其臣之關係皆与土地聯係，臣之義務最要者服兵役，從則加入裁判諸議庭，領主被俘須贖其女子嫁資長女嫁助財　最高之權屬於領主，受其封時須納税，死則其地由領主收回，其繼承人納税乃再與之，入於領主。而則收入，偶繼統絶無，由領主收回　階級甚多，其下階臣與關係甚少。故法諺曰：臣之臣非

村居

城市工業與鄉村農業分離此時代之特色也然商業盛而分工之基立矣自然經濟時封建主之剝削以其所能消費者為限擴盛而此限破矣農民漸成商品生產者與城市之聯繫日密對封建限制愈以為苦

城市本屬領主居民大半為農奴不能不納地租久之乃獲人格自由及一部分自治權利此一趨勢即為商品生產者城市為封建主義威脅之一大力而關係國家城市擁有政治獨立權者亦有其自居農奴同於領主矣以後利于權力集於商人及上層地主與手工業者富商大工匠與學

徒工人為行會內部之鬥爭

封建主義之末路　中小封建主依附中央以克服大封建主之

反抗此鬥爭在一定階段上起進步作用　城市工商上層分子以求商路之安

全封建混戰之停止奪自封建主之權利之保障確立私法律之

標準與助國王　推舉全與皇帝國王廢除割據實現已經不

然中央集權之封等直接生產者即農民及小手工業者之

肆剝削國之稅捐等勞動對力大　小規模封建主內訌

反為大規模戰爭

封建貴族階級　官僚解乘國中貴族脫離〃政文裁判　經常財

政立　僱傭與騎士階級廢

封建主義解體資本主義興起　生產者與生產條件分離而受資本家服從乃其最要之兩條件也　此時之工業形態則工場手工業也

資產階級初期專制以(一)加強對剝削與工人階級之支配權(二)保護工商業政策(三)克服割據使民族範圍內之經濟發展　然終至於革命　革命時期中資產階級領導農民起義

、然由清農奴主之剝削而付之地主資本家之剝削矣　農民起義初與城市運動聯係但城市平民為同盟者之所出賣　農民之團結及組織未進步階級領導者不階級利益亦每矜對峙此其所以敗也

封建

印度之營村公社。社為自立也，對於代嬗易無干也，業操自衛。敵來則入之，攻之不可抗則走，敵去復歸，亦有稅納於國。蒙古之國皆如是。一國之中，累係疏之吏亦或如是也。

封建不必土地。封建固以土地為重，然職位、收入、徵稅之權耳，以及鄉村之權利等皆是。

封建無郡國。隨書樊子蓋傳……進爵為濟公，言其功濟天下，特為立名，無此郡國也。六三

社会

氏族——母系制
　　　父系制
↓
部族、

部落聯盟

原始公社期瓦解
↓
階級社會
如什隸屬豪強等
如里族

部落聯盟政府組織（王、君、部）
若由部落轉時代殘存而割據

乃有大人

民族——舊的觀念 [illegible]

地球 不可

經濟侵略

心理狀態

[illegible]

部族 [illegible]

[illegible]

社

（本質）土地（本屬公有 其後私有）各以其所耕種者起（生產之財產 人稱保存）終得別自為

自其語言之統治者言之則屬於所有者之

管理

由其管者 但租稅 皆歸於國家

一 特權 （勞役）

貢稅 一以錢穀償其物品

（國家及地方之分）以五百稱之制 此外改稱為土地私有之標準（國家及其政權）

兩類

（一）自由管理者不願管理公私

（二）原則上有限制 如許多國家之（限制）

（三）近來生之所有者之變 如劉秉仲

原因　什錄以社會（日本學者譯語）解釋
亦有等安那其
大地領有者無非為人
學者研究團體之以社會問題
村社（但係子男僕從役僕／完全是個人所得）
（集合　蘇團體諸本家／此乃抗爭）
互相之類
稅制組織
中國社團之不由領主（民族精神者）
封建時代——國主
城市與村社並　言要城邑與之　不管其範圍　亦有以軍事為要
城市發達（貨幣經濟）　發展成商人（商業之上　以商業為主）　自主原則之主
中世紀之主間與世界之其事業之主　神聖之權

貴 102
賤 102

社會史

農業共産——大同

獵牧征服漁業

國野之別——井田畦田

鄉出兵

大詢共和

征服——執政——貴族——貴族 本族中好戰者 貴族之一部尚武

不——平民(國人)——平民

被征服——農奴——野人——平民

俘虜——奴婢——奴婢 罪人 加本族

井田破壞　宗法　小社会之變為大社会

之裔

思想始於先秦諸子

六藝—儒家　別則政治諸儒

六儒為古聖王之政　提出

先秦諸子　諸子　陰陽

派别　術數　採用前人實之諸子

漢書　方技

最全　詩賦—文學

農 道 墨 儒 法 雜

偽出後世 精粹殆 舊

儒 陰陽

名原於墨

實用方面

該於法

（農）許行 人 市價 並耕

（道）無為 貴道德賤仁義——自今人言義德然病態社會乃出

儒俠 學——原於三 儒俠 史角

（墨）兼愛——非攻——守禦 儒貴義我兵

節用——非樂（兼倍食）——節葬 荀子非之

上同

天志明鬼

儒說 大小取 所為名家

儒

出自條故主教 數千年盛行 以安心地大人衆而綿方

情形複雜而封建政治控制而情社會自相安

六經 詩書禮樂 易春秋

以元之氣正天、、、、

法三世

通三統

陰陽 黃帝已來 中國

五德終始

秦沿法不變

黃老 不弟分的

儒 合陰陽

法

賈誼——儒、法

鼂錯 法 兵 儒？

董仲舒 公孫弘

桑弘羊 官營 抑商 重視地主生活軌範 文學撤不足 [illegible]

張湯等

黃霸

王貢兩龔鮑 眭兩夏侯京翼李 谷永杜鄴 循吏傳

京房 劉向 杜欽

王莽
- 規模大 如據地理言川政言畫 研究治河
- 偏重立法
- 經濟
  - 王田
  - 六筦 鹽 酒 鐵 山澤 五均賒貸 鐵布銅冶
  - 五物六名二十八品
- 周官 學校 禮律

禮運第一節
孟子滕文公問爲國、井官鋪章　王制
孟子有爲神農之言者章　荀子王制富國
管子輕重諸篇
史記貨殖列傳　漢書食貨志　王貢兩龔鮑
傳　眭兩夏侯京翼李傳　王莽傳
鹽鐵論

[illegible]價值　社會學與社會主義
科學的　哲學的與自然科學之關係
哲學的也

氏族　部落　部族　須看禮記大傳

大同　男子分己私己矣　迄已入高級農業時

代　小康入封建之世

古時漁業與獵牧祀服

男　討獵　牧畜

女　隆

女系　採集—農業—女系　姓

鋤耕↓犁耕—高級農業　轉入男系

殷尚異母女系殘餘

黃帝至堯都涿鹿

西遷　禹治水真相

東遷　夏河洛　殷起東方黃河中游　周渭域

周男系蓋獵牧族之習

兩害之苦
遂之說——井田——即取利便防

子鐵　另楚之兵

官不可解詰會貨志

奇書
而說
同來遂——單無鐏　書則以官

唐財[illegible]毛獲稱付轄商乃府射　為年

則後　以人与人須貨理嚴　卿百——壯動
田園
四方不順
摩牽

不肖財遂
子〈端己の秋
居奇　止令之
貨高利貸苛徵

封建如何入資本

古只營奴隸——經營地少也
剝削——陸續役

合併只能待耕地擴——分族接近
附防廢——不利於修
地權不均

乙
生活程度增高
物勤工名 只用為營規範 侵占借用 量不足之
僱民

商業發達（筆）↓分職壞↓人與人關係複雜↓
二分攤代子妃↓現代社會根據——家族制度
——分攤
總之の歡

始了——士令
蒂繼
錢始了

勞心者治人食於人 勞力者治於人食人 由此生組織之地位

養成勞心勞力分職之心理 共守一切自然之律

而自守

封建之階使剝削變成非合法的

而後撤廢

古傳專技

古 幕僚 吏胥 衙役

士人 游備軍 理論之封建

結託 紳士 豪紳

道迎

隨才衣食

陋規

政費

事康殘餘

又桑弘羊平準中所見之工業商業

古之奴婢 鄭玄云今之奴婢古之罪人

古代係指奴隸之者而奴

周禮秋官注也

漢末—民之身—田入宮室

奚官

投告非—民投庇護獲田

但家為之家

新出

家—家奴

保鳴—奉賣

紅奸—有關

佃耕 奴之人 以其為人—買小

奴—耕

商

之場奴詞

之—奴耕為田主戶

但或佃耕非耕

又為之奴籍

羅馬奴

羅馬奴隸流傳 第之世

民小生產依附大土地

而不再 自耕經濟

地 為付棕郁社會

軍事首長—王—

奴隸僅小農耕作

稅役

耕種稅役關小

封建主為國王服兵

役—兼為耕作等

契主與耕佃等之奴人

剥削
賦
役
地租
高利貸
佃田 首 買寄莊

拜跪
我皇
我帝

農民起義
宗傳義了
佛骨
祠公
地角 黃巢 李自成
末乃以生

自給自足之爲同日全經不敷商業一端—此之端

平閒　故借郵務遠近資其所需者然

互工業則合　使得其人（而加入不得　加入難）

鐵斗　秘密之會社矣　種之

德海盜　言城市生產後乃利於同業然—田　言利債

不尊事之—以佐之　針乃良要耳

鄉邨小生產者六所

條買

得入也—茶一本錢　協力早自由勞動力勤不為此

酒釀　六七　後不辛勞力數人來

貴賤分業家
本私人
分配全生產私人所有

兵事之專業則全

商業乃對通國而言 非其海路大因其後

但其權者猶不可

[illegible]

[illegible]

重農 古時則坐商斗斛不許 其圍地等 呂厲夢

度其節動

節制 小其地理財務力 出數不可解釋 如價錢

無節財說

力不在

貨物不行 而乃成商之業漸以存

得入陰謀

節買 大布之衡

高利貸

黃金都以寶為物

商同別

作坊内部分工和手工業[illegible]

十八世紀四十年（乾26至初上）紡機

乾卅六蒸氣機

工作機

嘉十二汽船（一八〇七）

道十八（一八三八）航大西洋

道五（1825）鐵路

同八（1869）蘇彝士 運河[illegible]

光廿八飛機

英首先產業革命

十九世紀[illegible]

不為于敖公

黄帝以義紀

十九族後紀

廣雅如未隋書上文天干　列宿相次之　當曆用為始

大抵主時治事

至文帝別錄　以東方朔為曆有　自由落唐　以識

書應文同小　以曆有以東宗

城方郡守之

出非人之亂　謀偏年博引　一乙於降代

材女兆方

坐地與功降處

講學　非常異義—莊劉—龔魏

故國治

事實經驗—湘陰

今文學

民主—力　康梁入康梁

合發　革—法學

洋務—革—孫中山

憲法入梁

民權

民生—孫中山

五四—文化

共產黨

赤俄軍黨治

軍閥

買辦—官僚資本

蒸汽機發明（一七六四）乾廿九
汽船（一八〇七）嘉十二　航大西洋（一八三八）道十八
鐵路（一八二四）道四
蘇彝士（一八六九）同　巴拿馬（一九一四）民三
飛機（一九〇三）光廿九

奢侈品入白銀輸出
譯任之言針—值賤
資本輸出—鐵路礦山
隨著廣大之通續
農業上不用機器—殘存封建勢力
舊思者未去　土地所施生問題　存　大地主成資本家
政教習俗未改　資本主義發榮　農業自由當展為城市　閉市成農場資本
城市鄉邨不等之—對立發展
都市遣處人（口多）刺

社會

自由之要素

人之所以異於禽獸者，相同自主之不能撤也。但任其自
即所謂個人萬自由之權，禁制力，而權加自
由
若利之所謂權利與權利以為求之以增加
自由　權利之之愛乎，乃大多數共利也

亞細亞生產方式

（書系云）大別言之，亞細亞的、古典的、封建的、及近代布爾喬亞的生產諸方式，可以區別為社會經濟構成之演進諸紀元。

又云：亞細亞自古代起經過各時所構成而存在的，只有三個部門：（一）財政，國内掠奪機關；（二）戰爭，國外掠奪機關；（三）公共事業機關。

又云隨村而居者[illegible]此等族氏

又云所謂氏族（民族之）何以[illegible]家族之[illegible]與（原始共產社會）

又言階級制而後有原始共產之存在，[illegible]存在那[illegible]

（原始社會[illegible]）

又云而後有都市之[illegible]國，[illegible]不[illegible]之[illegible]心，只村莊而已

[illegible]說[illegible]非[illegible]同

古者少數部落（二）共同體之形成，一以其種族之事，領域為之，千5至佃
一國所為稱
（三）土地國有 私有則地租 土地所有者即統治者（私有不存
焉） 山者礦野皆屬之
然非即其所在地之生產者方所取也
古來之所謂封建 皆由封建及所謂采邑制等 實係上下 生產物
之所以分配之所
其階層等級之
所謂等級之
者為統治者之所納
之國家
如封建制度所謂
其所謂國家
之無則此所謂
國家之所由也

若吾等乃奮起　上與歸宇於共
領導者前

自給自足之生產狀態　持之乎[redacted]周而無變換

而少業之外

只少之剩餘物才爲商品[redacted]

一部生產物作爲現物租入國家

[illegible]

但經團團成人　與其爲純　經過

共有體直過渡　陀比換而消滅　從而社會所謂亮

而出

（最早者為共同體無統治之人人自為政）

最高之組織，為共同體內分子所已當其情須對立

社會內部共同對其共同體之保固

其所以制勝他族無共同體，以組織國家為之

是（使被征服者之生存于戰勝者以存續）（征服者所組此地位）

（東方之歷史以宗法利之故之小讓）

而其組織之進其同體對於經濟之便

古代之共同體財產，乃為對種族國特殊契約

國家　組織單子

今其所有手數為國　此原該國家即對者

此點而推知今之對外國王以外所能之而行

勉案古代之國乃民

此即要個要生產方式上 私有剩餘勞動[illegible]
下之社同 與共同體存在保存必要條件
也就是說 其剝削我[illegible]國之件
要使要一個共同體得以附隨個別要家
（例如[illegible]的水[illegible]維持[illegible]勞動力）
大規模土木工程（一）共同作協業 剩餘勞動
由勞動集中 灌溉工事之所續行
勞納出了社會經濟構成之一 因而要 此階段
[illegible]之社會經濟構成而定之
由經過的[illegible]段[illegible]經過 所[illegible]階[illegible]

貢納制[illegible]時代　當一家族奴隸[illegible]時代　種族奴隸

發展出來的封建制不是由貢納來

種族奴隸制則猶有異族之一部分役於他

其實前貢納制生產由征服種族奴隸所內

根本不是其實完全由奴隸制時代

家族[illegible]民和奴隸　種族奴隸不要什麼貢納制　之實

奴隸制因此隆

以貢納制與上種族奴隸制併為一個階段　制上[illegible]只是種族的奴隸地位

即稱作階段　因而使社會不稱為奴隸制

制　封建制與種族奴隸制併作為貢納制——併為

又自種族不同之說念

封建貢納制以及種族制時代和奴隸制其封建社會時代

稱奴隸之一的說　兩種之一社會性質稱國　卡字

移的之業則不可誤會也　據之中國主義者
主張[redacted]與生存主義之在為另一社會價值權利
也

更細查國家建設方法　要將制度等事書建
制的實為制制度制的結構　其同制的不能樹
立農業制度　國家由農政事而來　以達到
聖經的皇帝之　時經無由而生）
（羊皮）云　中世紀　封建時國經濟產業道而經傳以大部分農業
原有的上層經濟社會之關係　積古價格　程度制為
以合到底　商業放任　為制度等　原有的上　權
所當中都　中國的政治權力早有都市　地主及都市
中　都市為地形之一部

[redacted]

十四　手工業　然田野手藝漸於市居，而手工之業
乃　百人共為大　工廠者希，手工業僅偶有
二家而已
一曰西歐封建時，以[illegible]物自給，其有徒屬，居住之，[illegible]領
主之[illegible]　招工[illegible]君為之，[illegible]建築等事物
剩餘[illegible]　所[illegible]手工業　[illegible]
則保上之各國皆[illegible]
此等人民，[illegible]工場者　平民有共同之[illegible]，[illegible]之
業[illegible]工業不可普遠　[illegible]
而最要　不能[illegible]　[illegible]成　[illegible]者[illegible]　[illegible]于
去[illegible]剩餘[illegible]共同[illegible]　[illegible]之[illegible]
但[illegible]不[illegible]

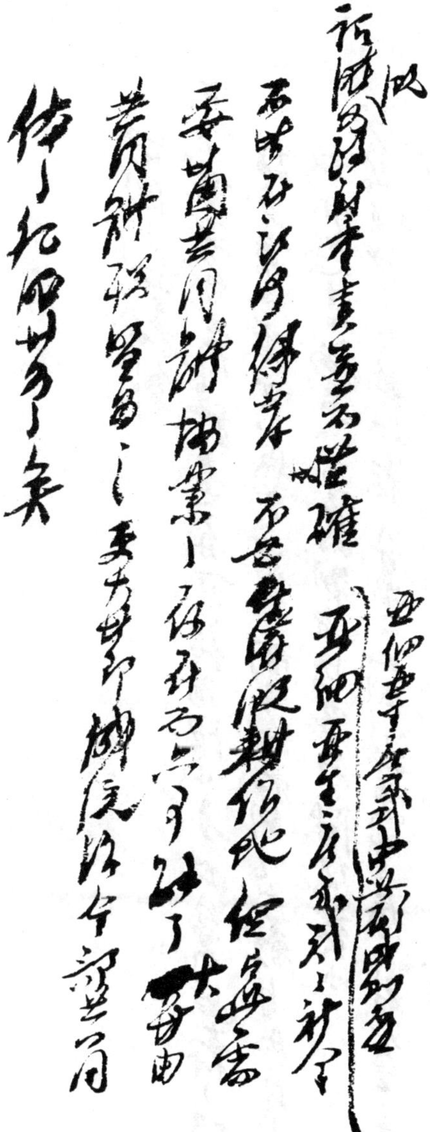

中國之奴隸制

古代之書屬於商周封建時代，存其附而附之，未脫宗周奴隸之境域

稍後屬於秦漢者，奴甚采　因而奴隸制度雜自由民之當

奴隸態度者稍足　其奴制度成奉本附職爾

古代漢以後之奴隸　秦漢奴制之美果屬　社會生產

耕作之奴　其奴隸仍未脫大部族奴隸之域

此等所共同体

于根據宮脇買小之仁族共同体之同有種乙種

階級買小　自鮮一為京

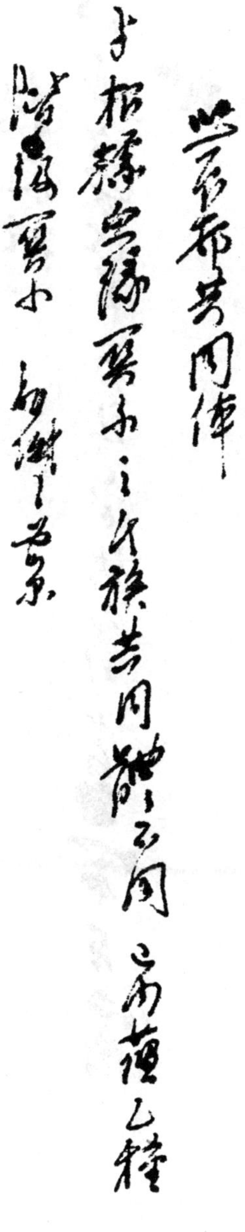

羅馬封建制度之源

一、爲三：羅馬大地主　日耳曼酋長　教會首長

投獻投托

以兵役服從所得之地分予其下，受者須服兵役之義

務

各國之土地

皆分給國王之土地，附其

至十一世紀初封建遂成

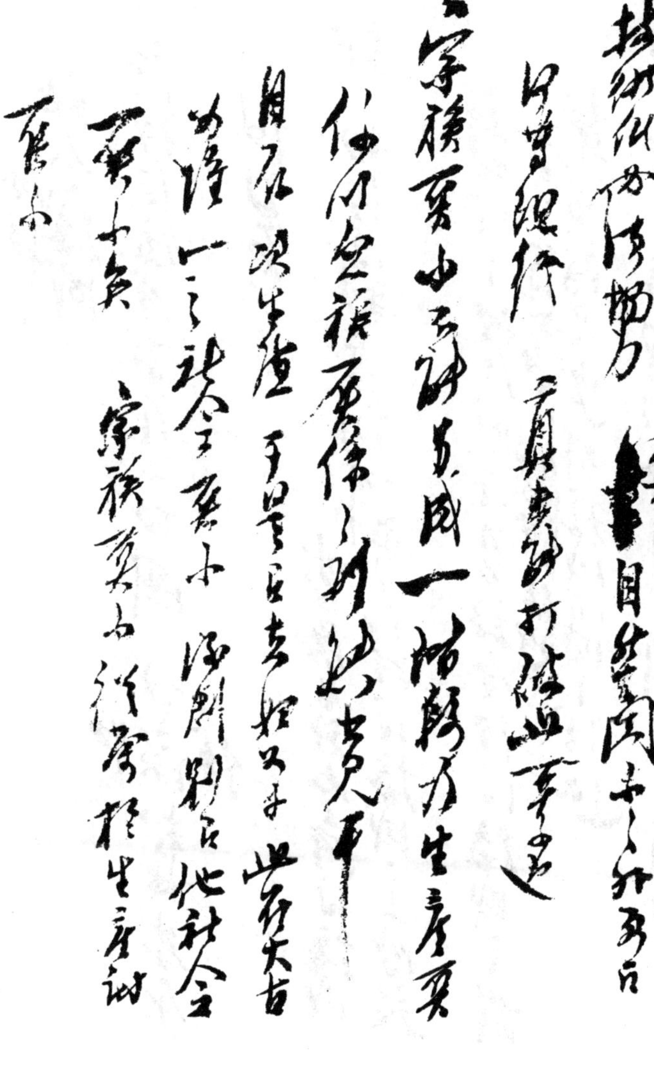

社會（經濟）組織

離經濟組織而言一切周　中　社會政治基本制度

訓兵官爵

非非

切經濟制度均可　皆隨社會經濟組織

而依經濟組織之一階段

而經濟之經濟制度各有其社會經濟組織之後

（經濟組織之狀態）（而此經濟組織）

其階級及分配之機構亦隨之以演進

社會經濟組織非能經濟制度之隨知

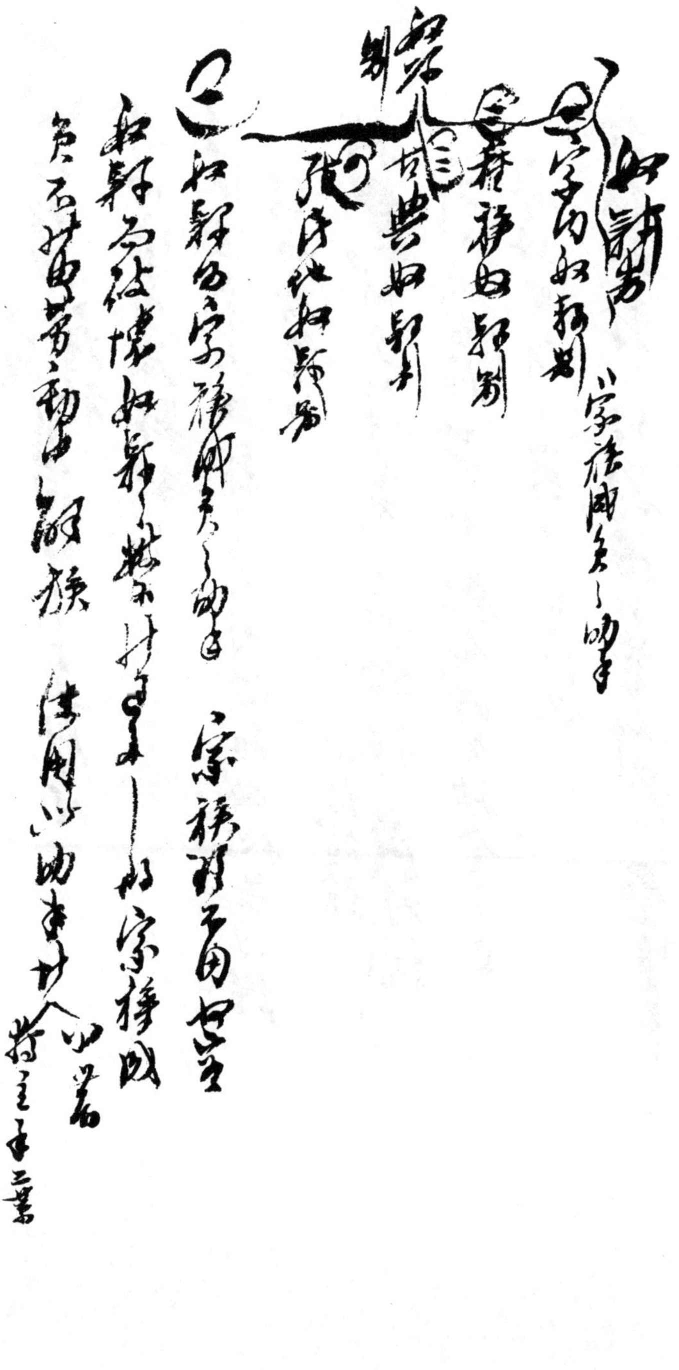

（三）社稷中土穀稷穀共同體之公共財產

非由分子私財制者

乃由各宗族或鄉之共同體組織而代共同體

於其成員之外

故社稷僅為可據民種植之地以供祭祀民種植

社則已植社樹於地之代表其社會之主

原始其穀種之異于土所穫也

耕種如耕之所形之需要而生不可

謂社為中央之總制

亦以國之私財制總管

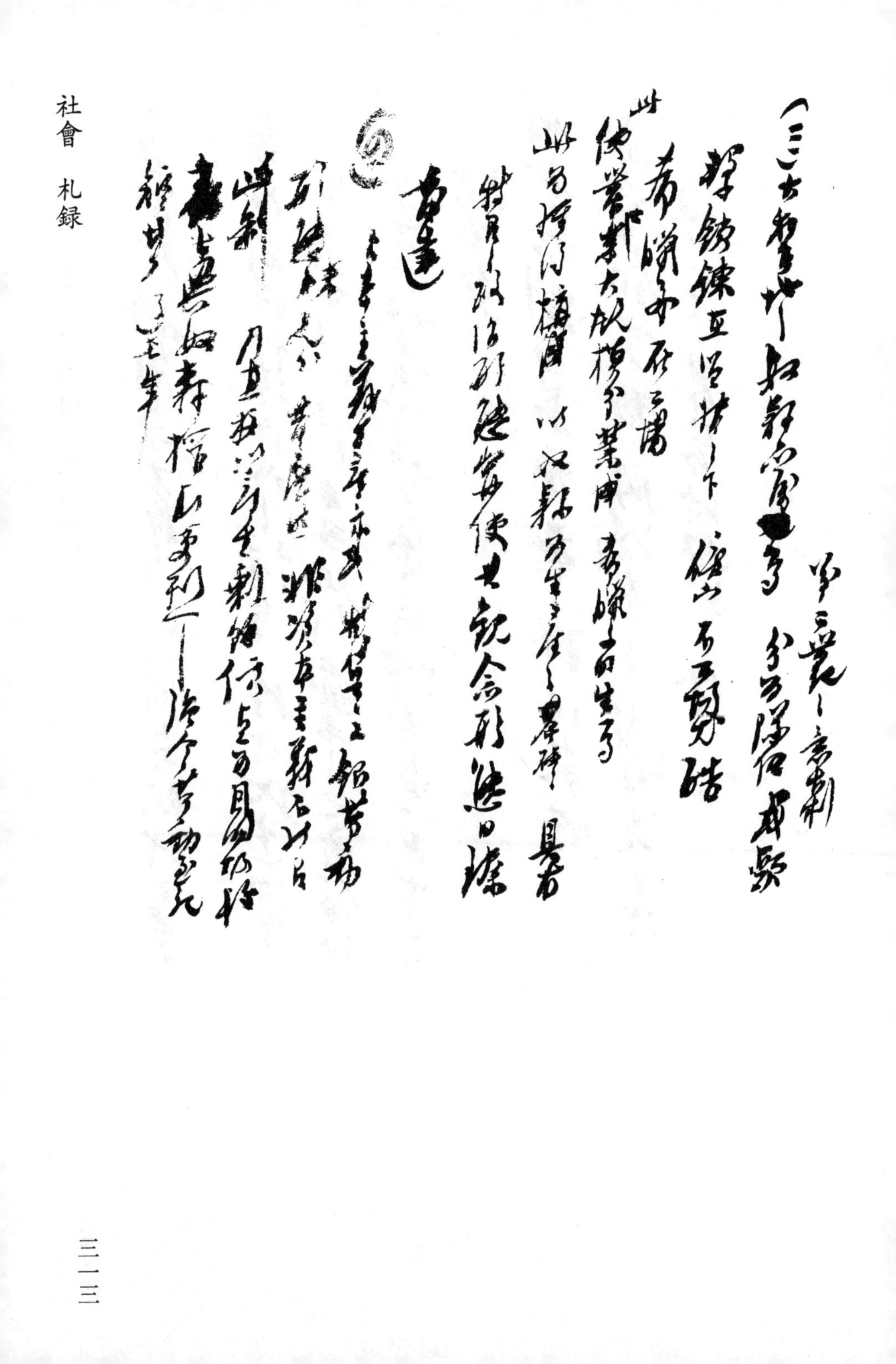

（三二）[illegible]

多數奴隸制剝削集中於少數〻〻〻剝削集中於現代社會
奴隸制時如據所地〻[illegible] 後代比生產以[illegible]
罪買了〻〻〻〻自[illegible]現代工業〻〻要人變[illegible]
主要工業、對土地[illegible]〻[illegible]徒二所地實際上生產者
能生多
奴隸制為最有無上價值範疇
形成之階級勞動 [illegible]〻〻雜此在方式
進也 在其社會時代[illegible]

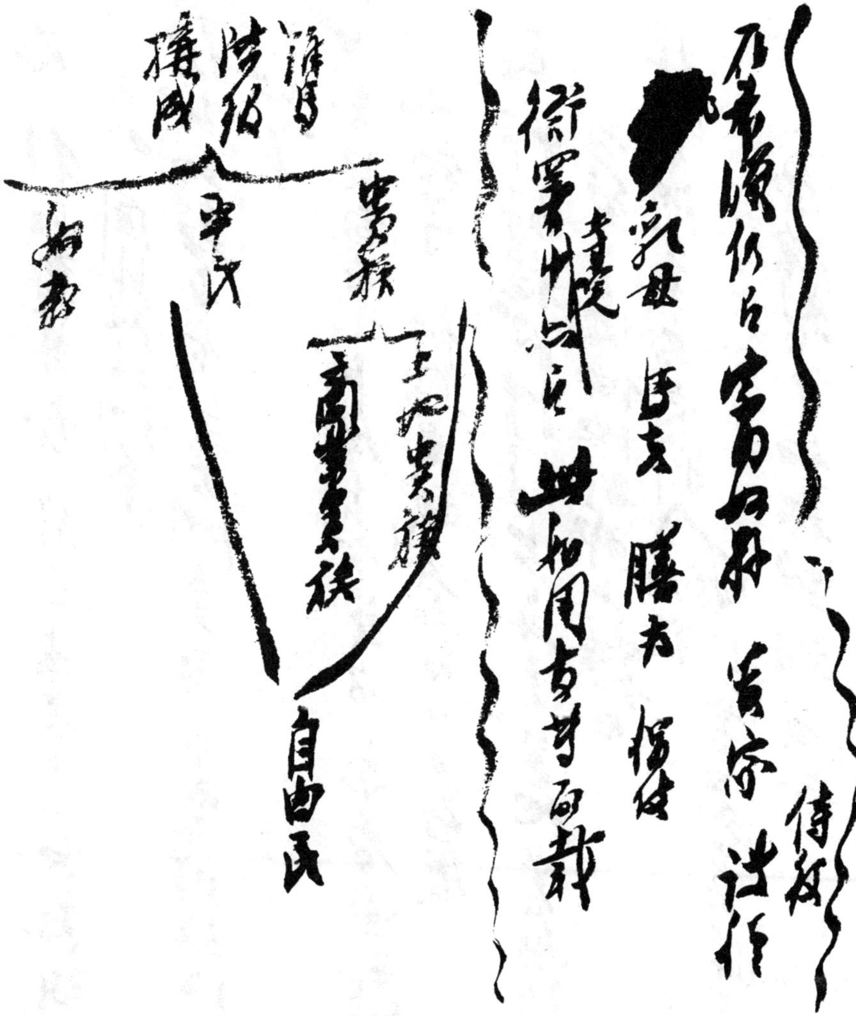
侍叔
資宗
膳夫
自由氏

丙、利和耕墾動　則已達長七、和耕根
表　國地以後鬬爭
但和和耕者覓多大鬬爭直中西時後
鬬中
農業建築至了西歷前五千年都知香東起
而繁者　據稿鬬變與所為其所據
和耕後移殖代行之與無主荒地若如則
可至一由個地形取上權利
從其門爭與分別之〔逃〕而抗
〔逃〕亡（其初則不待爭以逃亡避）
、原除農分和耕者非所知

所謂新社會之所以[illegible]不在[illegible]自由耳，而要
自由當貴族平民[illegible]　[illegible]全
除[illegible]平[illegible]特權種種爭政治權利
去其私人[illegible]所有，[illegible]資本階級[illegible]
於土地[illegible]耕[illegible]耕者擁有[illegible]
年來[redacted]居於社會[illegible]自耕者（[illegible]）
勞動[redacted]自耕者[illegible]人[illegible]
[illegible]社會[illegible][redacted]
[illegible]

以前由部族時代漸變爲一階層社會　積而成

一國家者謂

既又因政權之集中　民族歸于統一　於部族制之破壞乃[illegible]

積而後部族之[illegible]家族　[illegible]種族內之平等階

[illegible]中宗　[illegible]

[illegible]

[illegible]

[illegible]

[illegible]

[illegible]

[illegible]人以[illegible]林[illegible]

[illegible]

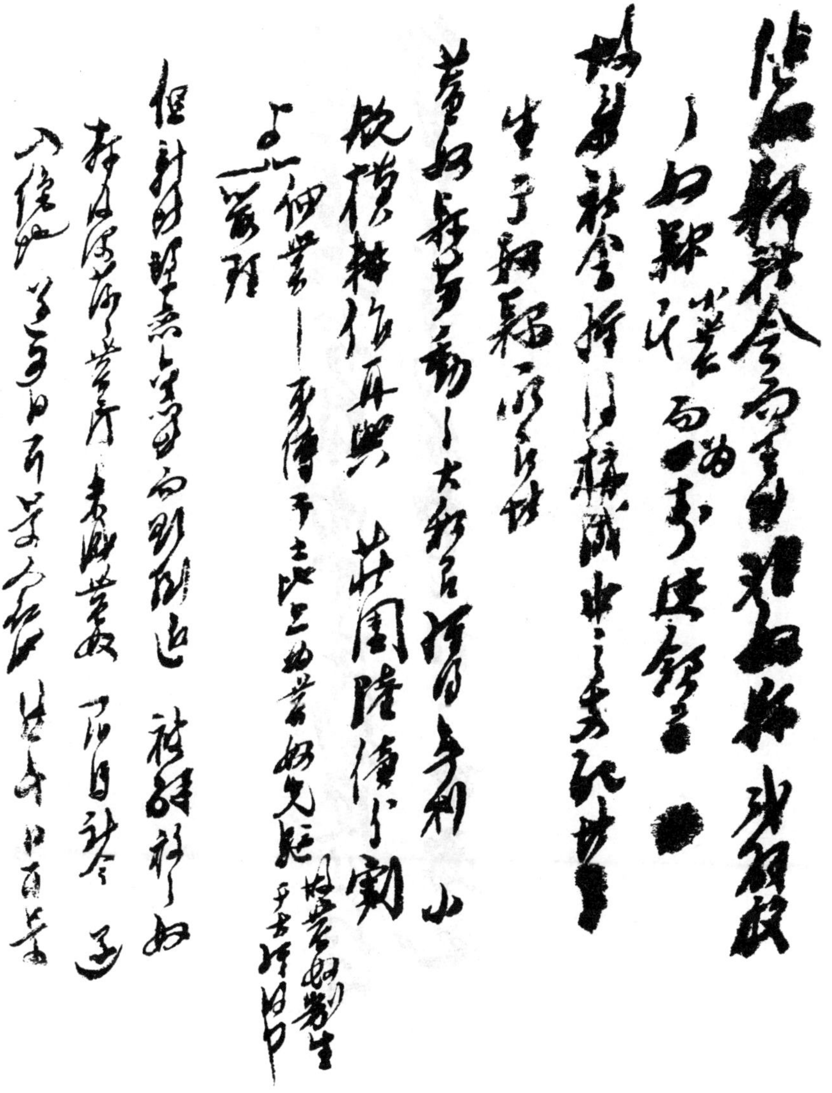